MINZU CHUANTONG TIYU DE
CHUANCHENG YU FAZHAN YANJIU

民族传统体育的
传承与发展研究

喻 瑜 著

人民体育出版社

图书在版编目（CIP）数据

民族传统体育的传承与发展研究 / 喻瑜著. -- 北京：人民体育出版社, 2024（2024.11重印）
ISBN 978-7-5009-6420-9

Ⅰ.①民… Ⅱ.①喻… Ⅲ.①民族形式体育—研究—中国 Ⅳ.①G852.9

中国国家版本馆CIP数据核字(2024)第013623号

*

人 民 体 育 出 版 社 出 版 发 行
北京中献拓方科技发展有限公司印刷
新 华 书 店 经 销

*

710×1000　16开本　13印张　227千字
2024年2月第1版　2024年11月第2次印刷

*

ISBN 978-7-5009-6420-9
定价：66.00元

社址：北京市东城区体育馆路8号（天坛公园东门）
电话：67151482（发行部）　　邮编：100061
传真：67151483　　　　　　　邮购：67118491
网址：www.psphpress.com

（购买本社图书，如遇有缺损页可与邮购部联系）

前　言

民族传统体育历史悠久，项目繁多，是我国优秀的文化遗产之一。民族传统体育汲取了我国民族传统文化的营养和内蕴，在经历数千年的发展变迁之后仍长盛不衰，是我国民族传统文化版图中的重要组成部分。民族传统体育不仅凝结了我国民族传统文化的文明成果，还蕴藏了国家与民族的文化基因，是中华民族自信、自尊的重要源泉。与此同时，民族传统体育也是世界体育文化宝库的重要组成部分。民族传统体育有着自己鲜明的特点以及完善的体系，帮助人们增进健康、娱乐健身，是人们喜闻乐见的重要活动。

21世纪，伴随着体育全球化进程的加快，推动与发展民族传统体育，传承民族传统体育项目，也成为我们积极肩负的重要责任。提高民族传统体育地位，对于我国体育事业的发展有着重大且深远的意义。

本书共包含八章内容。第一章是民族传统体育概述，主要内容包括民族传统体育的相关概念、民族传统体育的分类、民族传统体育的性质与特点、民族传统体育的价值与功能；第二章深入地分析了民族传统体育的起源与发展；第三章主要对民族传统体育的文化属性与文化内涵、民族传统体育与其他文化现象的关系进行了深入的剖析；第四章写了民族传统体育的传承与发展，主要内容包括民族传统体育的传承体系、民族传统体育传承的现状与困境、民族传统体育的产业化发展路径、新时代民族传统体育的发展走向等；第五章主要写了民族传统体育项目的发展与实践，主要包括武术的传承与发展实践、舞龙舞狮运动的现状与发展实践、威风锣鼓的传承与发展实践、毽球的发展与实践等；第六章主要是对民族传统体育的文化融合与共享进行研究，包括民族传统体育的文化认同、全球化视域下中华民族传统体育文化的发展、民族传统体育文化的文化共享等；第七章主要写体育全球化趋势与民族传统体育的发展，包括体育全球化趋势下民族传统体育的传承、发展策略和发展途径；第八章主要是写高校民族传统体育专业发展展望，内容包括民族传统体育专业的发展现状、民族传统体育专业的教学体系、民族传统体育专业与民族传统体育的发展等。

目 录

第一章 民族传统体育概述 …………………………………………（1）

 第一节 民族传统体育的相关概念 ……………………………（1）

 第二节 民族传统体育的分类 …………………………………（5）

 第三节 民族传统体育的性质与特点 …………………………（14）

 第四节 民族传统体育的价值与功能 …………………………（19）

第二章 民族传统体育的起源与发展 ……………………………（28）

 第一节 民族传统体育的起源 …………………………………（28）

 第二节 民族传统体育的发展 …………………………………（31）

第三章 民族传统体育的文化属性与文化内涵 …………………（47）

 第一节 民族传统体育的文化属性 ……………………………（47）

 第二节 民族传统体育的文化内涵 ……………………………（52）

 第三节 民族传统体育与其他文化现象的关系 ………………（58）

第四章 民族传统体育的传承与发展 ……………………………（66）

 第一节 民族传统体育的传承体系 ……………………………（66）

第二节　民族传统体育传承的现状与困境……………………（68）
第三节　民族传统体育的产业化发展路径……………………（72）
第四节　新时代民族传统体育的发展走向……………………（85）

第五章　民族传统体育项目的发展与实践……………………（91）

第一节　武术的传承与发展实践………………………………（91）
第二节　舞龙舞狮运动的现状与发展实践……………………（97）
第三节　威风锣鼓的传承与发展实践…………………………（105）
第四节　毽球的发展与实践……………………………………（115）

第六章　民族传统体育的文化融合与共享……………………（124）

第一节　民族传统体育的文化认同……………………………（124）
第二节　全球化视域下中华民族传统体育文化的发展………（142）
第三节　民族传统体育文化的文化共享………………………（150）

第七章　体育全球化趋势与民族传统体育的发展……………（157）

第一节　体育全球化趋势下民族传统体育的传承……………（157）
第二节　体育全球化趋势下民族传统体育的发展策略………（159）
第三节　体育全球化趋势下民族传统体育的发展途径………（166）

第八章　高校民族传统体育专业发展展望……………………（174）

第一节　民族传统体育专业的发展现状………………………（174）
第二节　民族传统体育专业的教学体系………………………（182）
第三节　民族传统体育专业与民族传统体育的发展…………（197）

第一章
民族传统体育概述

第一节 民族传统体育的相关概念

一、民族

"民族"是一个历史范畴,是人们在历史上形成的以地缘关系为基础的共同体,民族的出现是与文明社会产生之初同步的。[1]"民族"与文化具有必然的联系,一般认为,民族是具有一定的文化、历史、语言的地区中生存的人,彼此之间有着非常亲近的民族情感。

民族传统体育中的民族就是指中华民族,既包括占人口大多数的汉族,也包括其他55个少数民族。如20世纪80年代熊晓正的观点:"1840年前,我国各族人民已经采用并流传至今的体育活动内容、社会表现方式与价值观念的总和。"[2]这种观念一直延续很久,甚至直到2006年体育院校的通用规划教材中仍有"民族传统体育就是在中华民族中开展的……"[3]但是,在当前放眼世界,与国际化接轨进行科学研究,自然应将其范围扩展到全世界其他国家和地区的民族,即全世界各民族所特有的活动形式。因此,近几年来,在对民族传统体育概念的解读中,对民族的表述相对趋向一致,定位于世界范

---

[1] 黄益苏,张东宇,蔡开明.传统体育运动[M].北京:高等教育出版社,2007.
[2] 熊晓正.机遇与挑战:对我国民族传统体育发展之浅见[J].成都体院学报,1988(4):21-28.
[3] 张选惠.民族传统体育概论[M].北京:人民体育出版社,2006.

围的不同民族。只不过相关研究比较集中在国内，即中华民族传统体育。

现代意义上的民族，是指以国度为区分类别的群体称呼。广义上的"民族"是具有共同历史发展文化的一类人群的统称。一个国家和地区可以有多个民族；民族与国家二者并不是简单的包含或者被包含的关系。

我国是一个多民族国家，共包括56个民族，即汉族和55个少数民族。56个民族也共同构成了中华民族大家庭。

二、体育

什么是体育，即体育的定义虽然目前还是众说纷纭，但从目前代表性的解读，有些方面还是基本一致的。首先，以运动为基本手段没有异议，如"以各项运动为基本手段"[1]（《中国大百科全书·体育卷》）"以身体运动为基本手段"[2]"以身体练习为基本手段"[3]"以专门性的身体活动为基本手段"[4]。其次，对于其功用或目的达成共识，如"以达到发展身体、增强体质""促进身心发展""改善自我身心和开发自身潜能"[5]"增强体质，发展人体运动能力，提高人们生活质量"[6]"以增强体质，促进人的全面发展，丰富社会文化生活和促进精神文明为目的"，在这些代表性的定义中有较大差别的就是对体育的属性的认定，如身体运动、文化活动、社会实践活动、社会活动。它是社会总文化的一部分。

当前，体育对大众而言是一个非常普遍的概念，但大众理解的体育实际上是一种狭义的体育，学术界对"体育"的探讨主要集中在以下几个方面：

①体育是一种身体教育，旨在强身健体；

②体育是一种身体运动，包括竞技体育和大众体育，二者的目的不同；

③体育是一种社会文化。在社会多元文化体系中，体育是一种具有积极

---

[1] 熊晓正.体育概论[M].北京：北京体育大学出版社，2008.
[2] 杨文轩，杨霆.高等学校教材体育概论[M].北京：高等教育出版社，2005.
[3] 周西宽.体育基本理论教程[M].北京：人民体育出版社，2004.
[4] 颜天民.体育概论：体育史奥林匹克运动体育法规[M].桂林：广西师范大学出版社，2000.
[5] 周西宽.体育基本理论教程[M].北京：人民体育出版社，2004.
[6] 颜天民.体育概论：体育史奥林匹克运动体育法规[M].桂林：广西师范大学出版社，2000.

社会意义的社会文化，可震撼心灵、给人精神享受，体育文化渗透到社会大众生活的方方面面，包括经济生产、文化教育、科技等；

④体育是一种人体科学组成部分，个体参与一定的体育活动，可引发人体的形态、结构、机能发生变化，因此，体育研究在揭示人体奥秘、挖掘人体潜能上具有重要的学术研究意义。

三、民族体育

在民族历史发展进程中，逐渐诞生了很多形式各异、体现民族特色的运动，这些运动几经变化并传承下来，最终形成了不同于其他民族的民族文化特色。

民族体育是"民族"与"体育"的有机结合，但民族体育的概念范畴不仅仅是二者的简单结合。

①民族体育是一个民族发展过程中所创造出来的一种身体文化；

②民族体育是体育体系中的一个类别的运动项目及文化。

四、传统体育

传统体育是相较于现代体育而言的一种体育形式。在我国，传统体育多指我国本土的、具有悠久历史的体育，与近现代所引进的西方竞技体育相对应。

我国传统体育主要是指以武术为代表的健身、养生、保健体育运动。需要特别指出的是，传统体育中的武术与民间中国武术不同。2009年，国家体育总局重新定义"传统体育"，指出武术是以中华文化为理论基础，以技击方法为基本内容，以套路、格斗、功法为主要运动形式的传统体育。

五、民族传统体育概念界定

所谓民族传统体育，是指富有民族文化特色的体育活动，是民族地区社会历史发展过程中，一个民族或多个民族内流传或继承的传统体育活动的总称。

作为一种民族文化的综合形态，民族传统体育与周围环境的其他文化体系关系密切，是一种与外界自由地进行物质和信息交换的文化开放系统，是向全世界人们展示民族体育文化，并促进世界各个地区的民族体育文化相互交流、相互借鉴。①

民族传统体育，主要是指我国各民族具备强身、健体、娱乐、习武、祛病的传统体育运动。

我国民族众多，各个民族在漫长的生产与生活实践中逐步形成了各具风格与特色的民族传统体育文化，这对于推动中华民族传统体育文化的发展具有重要的作用。

我国丰富的民族传统体育文化涵盖休闲娱乐和强身健体等很多文化领域，是我国传统文化历经数千年文明发展的结果，也是整个人类社会的宝贵文化财富。

六、民族传统体育概念的文化范畴

中华民族传统体育文化是蕴含着多种民族文化内涵和外延的传统体育文化，对于促进我国社会的发展和促进整个人类社会的发展具有重要的意义。

纵观世界各项体育运动，可划分为以下两个体育文化体系。

①西方体育运动文化体系：孕育于西方国家民族地区的田径等运动项目，发展于古罗马、古希腊等；

②东方体育运动文化体系：只有东方等国家和地区民族特有的民族传统体育运动文化体系，如中国武术、日本相扑、韩国跆拳道等。

我国民族传统体育从概念文化范围上来说，属于东方体育运动文化体系，具体细分，包括以下三个文化层面：

①本民族固有的民族文化；

②在民族文化传承和发展的基础上，形成的体育运动理论、内容、形式；

③民族传统体育属于民族文化领域范畴内的体育现象。

---

①崔乐泉.中国少数民族传统体育［M］.贵阳：贵州民族出版社，2011.

第二节　民族传统体育的分类

我国民族传统体育内容丰富，根据不同分类方法可分为不同类型，具体解析如下。

一、按项目性质和作用分类

根据民族传统体育项目性质与作用，我国民族传统体育分类见表1。

表1　我国不同性质和作用的民族传统体育[①]

竞技	武术、珍珠球、押加、秋千、木球、抢花炮、蹴球、毽球、打陀螺、龙舟、民族式摔跤、射弩、马术、踩高跷等	
娱乐	棋艺	以开发智力为主，如象棋、围棋、藏棋等
	踢打	如踢毽子、打飞棒、踢沙包等
	投掷	如抛绣球、投火把、丢花包、抛沙袋
	托举	以托举器物或负重为主，如举皮袋、抱石头等
	舞蹈	如接龙舞、耍火龙、跳芦笙、打棍、跳桌等
健身养生	太极拳	陈氏太极拳、杨氏太极拳、二十四式简化太极拳等
	导引术、气功等	五禽戏、六字诀、八段锦、易筋经等

二、根据学科知识分类

（一）武术

武术是我国民族传统体育内容中最具代表性的内容之一。我国武术文化源远流长，在其漫长的发展历史中，博采众长，最终形成了自身相对稳定的

[①] 田祖国，郭世彬. 民族传统体育［M］. 长沙：湖南大学出版社，2018.

理论体系，学科建设水平较高。武术作为一个具有文化代表的民族传统体育运动项目，通常被单列为独立的一项民族传统体育内容。

武术文化体系与项目类别可以进行细分，内容丰富，具体包括以下几方面内容：

①武德；

②武术传统文化；

③武术史；

④武术功法项目，如表2所示。

表2 武术功法项目分类[①]

分类	细分类	内容	
表现形式	功法运动	内功、外功、轻功、柔功	
	套路形式	单练	拳术、器械
		对练	徒手对练、器械对练、徒手与器械对练
		集体演练	六人以上武者徒手或持器械演练
	格斗形式	散打、推手、长兵和短兵等	
风格特点	内家	内家拳、太极扇等武当流派武术，以柔克刚	
	外家	以少林流派为主，以刚克柔	
运动形态	传统武术、竞技武术		
地域	齐鲁武术、三晋武术、燕赵武术		

（二）民族养生体育

在中华养生文化中，体育养生是重要组成部分。传统体育养生以传统养生理论为基础，是将古代养生理论与锻炼身体的健身方法相结合的实践性学科。我国民族传统养生体育主要包括武术养生和导引养生术等内容。

---

①田祖国，郭世彬.民族传统体育[M].长沙：湖南大学出版社，2018.

（三）民族民间体育

民族民间体育，具体是指我国各族同胞在民间活动中所经常从事的体育活动，具体包括个体性与群体性、表演性和竞技性的项目。

三、根据项目特点分类

根据民族传统体育运动项目特点，具体分类见表3。

表3　我国不同项目特点的民族传统体育[①]

分类标准	细分类	分类说明	项目举例
竞技能力	制胜类	比拼力量对抗	蹲斗、斗鸡、摔跤、踏脚、顶牛、踢脚、掼牛、拔腰力、马上角力等
	技艺类	以技巧性见长，比拼技术与技能	舞龙、舞狮、马术、套马、踢毽子、达瓦孜等
	命中类	根据命中目标次数的多少或命中目标的程度决定胜负	射箭、射弩、射击、打火药枪、投矛、古朵、投石器、打飞靶、泥弹弓、赛马射箭、叉草球、射元宝、飞石索、吹枪、碧秀等
	竞速类	比拼速度，包括水中竞渡、陆地竞速两类	赛龙舟、游泳、跳火绳、划猪槽船、划竹排、溜索、赛皮筏等
	角力类	比拼力量	抵肩、扳手劲、大象拔河、扭扁担、顶竹杠、扭杠、拉棍、扭棍子、拔河、顶缸、格吞、抵杠、奔牛、推杆等

---

①张选惠，李传国，文善恬.民族传统体育概论［M］.成都：电子科技大学出版社，2013.

(续表)

分类标准	细分类	分类说明	项目举例
嬉戏娱乐	棋艺类	民族棋类	中国象棋、围棋、三棋、五子棋、射棋、藏棋等
	击打类	用道具击打物标或身体部位	木球、哆毽、击木、波依阔、打扁担、打瓦、帕卜孜棍球、打枪担、打篾鸡蛋、跳竹竿、吉韧打飞棒等
	跳跃类	借助器械克服障碍	跳竹、跳马、跳狮子、跳骆驼、跳竹竿等
	托举类	举起不同质量重物	举重、举石锁、举石、抱石头等
	抛接类	抛掷器物或信物	抛绣球、布朗球、怒球、竿球、鸡棕陀螺、扔石头、掷石锁、丢花包等
节庆习俗	节日	节日庆祝	磨秋、打陀螺、登山、耍草龙、龙舞、接新水、秋千、芦笙舞、踢毛菌、玩山等
	宗教祭祀	具有宗教意义的体育活动	稳凳、锥鼓舞、上刀杆、独龙刀术、标枪、打鞋等
	娱乐狂欢	借助活动表达民族情感和喜悦心情	舞铃铛、耍龙、爬油杆、葫芦舞、撒实威威、绕山林、车秋、轮子秋、踢毛毽、跳花鼓、阿勤难、吉菠基伸、蹬窝乐、打格螺、跳鼓、芦笙舞、二人秋千、拔拔拉、爬坡杆、霸王鞭、仿鸟舞、独木天梯等
	婚恋郊游	交友	姑娘追、荡秋千、夺标鼠、打鸡毛球、背篓球、八人秋、丢花包、爬滑竿等
	农事生产	庆祝丰收，预祝今后生活更加美好	舞花棍、跳大鼓、闹金秋等

四、根据民族分类

下面主要阐述汉族与其他少数民族的具体项目。

（一）汉族传统体育

我国历史悠久，汉民族以中原地区为主要居住区，在五千年的文化历史中形成了丰富的汉民族文化，据1990年《中华民族传统体育志》中对民族传统体育的记载，有676条少数民族传统体育被发掘、发现，另有汉族301条，共计977条。[①]

汉族代表性民族传统体育项目主要有龙舟、武术、气功、风筝等，这些民族传统体育流传广泛，有不少项目已经走出国门，走向世界，成为世界文化的重要组成部分，向世界人民展示了中华民族的体育文化风采。

（二）我国少数民族传统体育

我国各少数民族具有代表性的传统体育项目简介见表4。

表4　我国少数民族传统体育[②]

序号	民族	民族传统体育代表项目	数量（项）
1	蒙古族	摔跤（搏克）、赛马、赛骆驼、套马、打布鲁等	15
2	回族	木球（打篮子）、掼牛、拔河、拔腰等	47
3	藏族	赛牦牛、赛马、大象拔河等	32
4	维吾尔族	摔跤、赛马、刁羊、骑射、抢花帽等	11
5	苗族	秋千、划龙舟、芦笙刀、射弩、苗拳等	33
6	彝族	摔跤、赛马、耍狮子、跳高脚马、爬油竿、跳火绳、对手拉、抵肩、跳板凳、刀术等	43

[①] 张选惠.民族传统体育概论［M］.北京：人民体育出版社，2004.
[②] 孙涛，廖勇胜.民族传统体育研究［M］.北京：现代出版社，2018.

(续表)

序号	民族	民族传统体育代表项目	数量（项）
7	壮族	抛绣球、抢花炮、打陀螺、跳花灯等	28
8	布依族	丢花包、秋千、赛马、耍狮等	8
9	朝鲜族	跳板、摔跤、荡秋千、顶罐走、朝鲜族象棋等	7
10	满族	珍珠球、冰嬉、满族秋千、马球等	45
11	侗族	抢花炮、珍珠球、踩高脚、踩芦笙、侗拳等	13
12	瑶族	人龙、打陀螺、瑶拳等	8
13	白族	赛马、赛龙舟、跳火把、耍火龙等	14
14	土家族	打飞棒、踢毽子、磨秋、摇旱船、舞板凳龙等	43
15	哈尼族	磨秋、打陀螺等	5
16	哈萨克族	刁羊、姑娘追、赛马、摔跤等	7
17	傣族	赛龙舟、丢包、藤球、跳竹竿等	13
18	黎族	打花棍、钱铃双刀、射箭等	7
19	傈僳族	弩弓射击、泥弹弓、爬竹竿、四方拔河等	21
20	佤族	射弩、摔跤等	12
21	畲族	操石磉、打尺寸等	9
22	高山族	羊球、顶壶竞走、拉竿、龙舟竞渡等	17
23	拉祜族	射弩、鸡毛球、双刀术、双棍术等	19
24	水族	赛马、狮子登高等	4
25	东乡族	羊皮筏子、羊皮袋、骑木划水等	13
26	纳西族	东巴跳、荡秋千、赛马等	10
27	景颇族	火枪射击、爬滑竿等	12
28	柯尔克孜族	姑娘追、刁羊、走马、射元宝、狩猎、奥塔热希、马背等	23
29	土族	拔河、跨驼比武、二人秋、轮子秋、拉棍等	5
30	达斡尔族	曲棍球、颈力等	11
31	仫佬族	抢花炮、打篾球等	6
32	羌族	推杆、顶竿、摔跤、骑射、武术、跳棋	6
33	布朗族	藤球、爬竿、斗鸡、射箭、跑马	5

（续表）

序号	民族	民族传统体育代表项目	数量（项）
34	撒拉族	拔腰、打蚂蚱等	10
35	毛南族	顶竹竿、下棋等	12
36	仡佬族	打篾鸡蛋球、打花龙、高台舞狮	3
37	锡伯族	射箭、摔跤、滑冰、打螃蟹等	6
38	阿昌族	耍象、龙、荡秋、车秋等	9
39	塔吉克族	刁羊、赛马	2
40	普米族	射箭、射弩、磨秋、摔跤等	9
41	怒族	跳竹、怒球等	8
42	乌孜别克族	赛马、刁羊、摔跤	3
43	俄罗斯族	嘎里特克	1
44	鄂温克族	套马、狩猎、滑雪	3
45	德昂族	射弩、梅花拳、左拳	3
46	保安族	赛马、夺腰刀、抱腰等	7
47	裕固族	赛马、摔跤、射箭、拉爬牛、顶牛等	7
48	京族	踩高跷、跳竹竿、顶竹竿等	5
49	塔塔尔族	赛跳跑、爬竿	2
50	独龙族	射弩、溜索比赛、滑草、拉姆、撑竿跳等	11
51	鄂伦春族	射击、赛马、拉杆、撑竿跳、滑雪、斗熊等	11
52	赫哲族	叉草球、叉草人、打爬犁、赛狗爬犁、冰磨等	13
53	门巴族	射击	1
54	珞巴族	射箭、碧秀（响箭）	2
55	基诺族	竹竿比赛、摔跤、高跷、藤条拔河、射弩等	11

五、根据赛事设项分类

在体育全球化的今天，为了顺应世界竞技体育发展趋势，我国许多民族传统体育项目都在进行竞技化改革，这使得我国一些优秀的民族传统体育项目能出现在世界体育赛事中被更多的其他国家的人所知晓、关注、学习。

我国民族传统体育项目赛事主要有以下两类。

（一）竞赛项目

当前我国少数民族传统体育运动会中，共设有17个竞赛项目，具体包括珍珠球、木球、秋千、龙舟、毽球、蹴球、射弩、花炮、押加、板鞋竞速、陀螺、民族式摔跤、高脚竞速、马术、少数民族武术、独竹漂、民族健身操。

（二）表演项目

全国少数民族传统体育运动会中，共设有178个表演项目，包括以下三类。

1. 技巧类

技巧类少数民族传统体育项目主要包括双狮醉酒、俄罗斯族竞赛舞、花样跳绳、快乐黎山等40项。

2. 竞技类

竞技类少数民族传统体育项目主要包括草球乐、讴莎腰、仡佬族鸡舞、苗族芦笙竞技舞"子咯夫"等45项。

3. 综合类

综合类少数民族传统体育项目主要包括竿球、热巴鼓、毽舞、夯墙乐、裕固塔拉赛羊、六盘响鞭等93项。

六、根据地区分类

我国地域广阔，根据地理环境的不同，可以将我国大致分为四个区域，即东北和内蒙古地区、中东南地区、西南地区以及西北地区,各个地区分布居住着不同的民族,各地区民族传统体育表现出不同的区域特色,如表5所示。

表5 我国不同地区的民族传统体育[①]

区域划分	行政区域	代表民族	代表体育项目
东北和内蒙古地区	包括吉林、辽宁、黑龙江三省以及内蒙古自治区	蒙古族、满族、达斡尔族、鄂温克族、朝鲜族、鄂伦春族、赫哲族	博克、打布鲁、赛骆驼、珍珠球、马术、赛马、跳马、跳骆驼、赶石弹、射箭、骑射、冰嬉、跳板、荡秋千、拔河、铁连极、顶水罐走、转瓢、抢枢、打棍;打靶、滑雪、赛皮爬犁、叉鱼、叉草球、玩冰磨、顶杠等
中东南地区	包括广西、广东、湖南、湖北、福建、浙江、江西、安徽、海南、台湾地区	苗族、壮族、土家族、布依族、侗族、瑶族、毛南族、佬族、水族、仡黎族、高山族、仫佬族、畲族、京族	围山打猎、茅谷斯;甩岩石、摆手舞、打铜鼓、草把龙、八人秋、舞狮等
西南地区	包括四川、云南、贵州、西藏、重庆四省一市	藏族、彝族、回族、满族、傣族、门巴族、景颇族、布朗族、珞巴族、哈尼族、苗族、羌族、佤族、拉祜族、阿昌族、普米族、怒族、蒙古族、白族、独龙族、基诺族、壮族、德昂族、土家族、傈僳族、纳西族、布依族、水族、瑶族	武术、赛马、射箭、射弩、押加、打磨秋、斗牛、锅庄、推杆、萨朗、骑射、爬花杆、秋千、吹枪、陀螺、龙舟、摔跤、跳芦笙、上刀杆、磨担秋、拔河、傣雅银铃操、霸王鞭、爬杆、跳把式、北嘎、碧秀(响箭)、踢毽、吉韧(弹克郎球)、赛牦牛、跳山羊、顶壶竞走、转山等

①孙涛,廖勇胜.民族传统体育研究[M].北京:现代出版社,2018.

(续表)

区域划分	行政区域	代表民族	代表体育项目
西北地区	包括陕西、青海、宁夏、新疆、甘肃5个省区	回族、藏族、土族、裕固族、维吾尔族、哈萨克族、保安族、塔吉克族、柯尔克孜族、东乡族、满族、乌孜别克族、撒拉族、塔塔尔族、蒙古族、锡伯族、俄罗斯族、达斡尔族	姑娘追、赛马、赛牦牛、刁羊、骑射、马上角力、飞马拾银、牛羊皮筏竞渡、骑木划水、人牛泅渡、赛骆驼、赛跑跳、牛羊皮袋泅渡、冰床、滑冰、双飞舞、拔河、押加、拉爬牛、弹腿、空中转轮、轮子秋、马术、达瓦孜等

第三节　民族传统体育的性质与特点

一、民族性

民族性是民族传统体育的最基本的特点。

从人类文明诞生以来，不同的人类文明诞生地具有不同的自然地理特点，在此基础上诞生了不同个性的民族文化。在人类历史发展过程中，在不同民族社会文化的塑造下，人类逐渐形成了文化特征有所区别的群体，民族得以诞生。

不同地区的民族文化不同，所产生的民族体育文化各具特点。我国民族众多，不同民族所依赖生存的地理环境、地域特色不同，也就产生了不同内容与形式的民族体育，这些民族体育都具有民族性格、民族精神的深刻烙印。我国的民族传统体育内容丰富，形式多样，几乎每个民族都有各自独特风格和浓郁民族色彩的传统体育项目，带有强烈的民族文化气息和内涵，不同的民族体育更是成为各民族文化的代表和民族的骄傲，如藏族的赛牦牛、纳西族的东巴跳、蒙古族的那达慕、朝鲜族的秋千等。即使是同一个体育项目，也各有其民族特点。如蒙古族式摔跤"搏克"、维吾尔族式摔跤"且里西"、彝族式摔跤"格"、藏族式摔跤"北嘎"等，虽然都是民族式摔跤，但活动方式和规则都各不相同。①

在世界范围内，我国的民族体育与世界其他地区的民族的体育在内容、形式、特点等方面更是表现出极大的不同。在不同的生存、生活、生产方式下，各民族形成了不同的价值观和世界观，各民族文化特色目标慢慢达成。不同民族体育的民族性特征是由民族地理生存环境的不同所决定的，也是由各民族文化的不同所决定的。

二、地域性

不同民族生产生活方式、民族心理、民族性格的民族文化表现出极大的地域差异，这就是民族文化的地域性特点。民族传统体育也具有鲜明的地域性特点。

我国地域辽阔，不同的民族分布在不同的地域，在古代经济、交通、信息落后的时代，相对封闭的环境下，各民族在风俗习惯、心理特征、社会进程等方面也存在着很大差异，形成了不同的民族文化，并在此基础上产生了不同的民族体育文化。

就民族体育运动风格来讲，西北高原、东北平原地区，民风多粗犷豪放；南方气候温和，山清水秀，民风多细腻委婉，因此，北方尚力、南方尚巧。

就民族体育运动精神来说，北方地区天高地阔，人民生产工具简单，民风质朴，勇猛果敢，形成勇武精神，赛马和摔跤等需要广阔空间的运动项目较多。南方地区河川纵横，依山取材、依水而居，生产劳作崇尚精细，游泳和赛龙舟等水上项目生命力旺盛。

三、人文性

人文是人类社会当中存在的文化现象的统称，体育运动文化的人文性表现在多个方面。

---

①宋迪涛.民族传统体育传承与和谐社会构建[M].北京：九州出版社，2019.

从民族文化的角度来说，一个民族的文化必然有其民族文化的特点，同一个民族的民俗活动、节日活动、体育活动，都必然表现出该民族文化的性格与特征。

从多民族的集合来说，我国各民族都是中华民族大家庭的重要成员，各民族在政治、文化、生产生活方式等方面逐渐形成了割舍不断的血缘关系，我国民族传统体育文化积淀了厚重的人文精神，表达了人类对健康美的追求。具体来说，相比西方竞技体育对身体美的强调，我国的体育美表现比较含蓄，并在"修身养性""内外兼修"等方面得到了明显的体现，带有深刻的人文性。

四、象征性

文化具有象征性，世界上，每个国家、地区、民族都有其具有代表性的、具有自身特征的传统体育项目，如中国的武术、日本的柔道、美国的篮球、印度的瑜伽等，这些传统体育内容，在一定程度上代表着这个国家、地区或民族，是一种文化象征。

我国多民族中各民族文化不同，尤其是少数民族传统体育文化中，一些被保留下来的文化活动仪式、名称，都是民族传统体育文化的具体体现，象征着该民族所特有的民族精神、民族文化内涵。

五、多元性

我国民族传统体育文化具有多元性，具体表现在它尊重不同地区、民族的不同文化。我国是一个多民族的国家，不同民族的体育文化形式也有着很大的差异，这正是体育文化多元性的表现。

我国民族传统体育具有多样性，在中国56个民族大家庭中，由于民族之间传统的差异，从而形成不同民族的文化类型和特点，创造了具有多元性质的总的中华民族体育文化。

中华民族56个民族成员，每一个民族的人民都生活在一定的文化氛围中，又区别于其他民族的宗教、信仰、礼仪、习俗、制度、规范、文化心理等，从而使得我国民族传统体育文化多种多样，异彩纷呈。我国丰富多彩的民族传统体育项目，分布之广，项目之多，世界罕有。

六、适应性

民族传统体育有着广泛的适应性，可以满足不同年龄、不同性别、不同层次、不同人群的需要。民族传统体育内容丰富、形式多样，其动作结构、技术要求、运动风格和运动量也各具差异，个人可根据需要从中选择适合于自己的项目进行健身。

我国民族传统体育内容丰富，不同年龄阶段的人都能找到其喜欢和适合的民族体育运动项目。如适合好奇心强、喜爱新鲜事物、身心发展不健全的少年儿童的项目有踢毽子、跳皮筋、抽陀螺等；适合年富力强、思维成熟、敢于冒险与探索的青少年和中年人的项目有珍珠球、赛马、角力等竞技化民族传统体育项目；适合老年人修身养性、提高身体免疫力、延年益寿的项目有太极拳、八段锦等。

在运动时间与场地方面，不同人的体育运动时间与场地选择不同，可从事的民族传统体育项目不同，而丰富多彩的民族传统体育项目中很多项目对时间、场地并无特殊要求，不受时间、季节的限制，有的项目在场地、器材上可因地制宜，就地取材，还有的项目可徒手或持器械进行，为人们参与民族传统体育运动提供了便利条件。

此外，不同民族传统体育爱好者也可根据各自的生理、心理特点和喜好选择不同的项目进行锻炼，无论是舞龙、舞狮、赛龙舟、拔河等群体对抗的项目，还是摔跤、赛马等个体项目，或者各种娱乐游戏等活动都能满足不同人的体育运动心理发展需求。

七、交融性

民族的交流与融合可促进民族体育文化的交融。我国民族传统体育文化在其漫长的发展历史中表现出了交融性特点。

纵观我国发展史，在不同的历史时期，不同模式与类型的民族文化在历史上经过不断碰撞、接触与交流，在这个过程中民族传统文化相互渗透与融合。在民族传统体育活动交流中，各民族之间虽然也会发生矛盾与冲突，但更多的是友好往来，进行文化的学习与交流。各民族许多传统体育项目相互交融，共同学习，最终达成共识，体现了民族体育发展的共融性。

我国许多民族传统体育项目，最初都是从某个地区或民族中率先流行，之后走出本民族与其他民族进行交融，被生活环境相似或风俗习惯接近的民族所认同、接纳和改造。

以龙舟运动为例，据考证，龙舟比赛最初产生于古越一带，后来由于古越文化和长江中游文化的往来，逐渐扩展到我国南方大部分省区。据统计，仅地方史书对龙舟活动有详细记载者多达数百条，涉及我国南方15个省区。

此外，像马球、秋千、骑术、围棋等皆为我国各族人民共同创造的成果。通过民族体育文化的融合、改造与革新，诞生了一些新的项目。如在清朝中期，满族同胞综合了滑冰与足球，发明了"冰上蹴鞠之戏"的冰上足球活动。新时期，伴随2022年京张冬奥会的申办成功，我国大力推广冰雪运动，新疆地区推出了"冰上龙舟"项目。

不同体育运动的结合，不仅体现了不同民族体育文化的交融，也促进了民族传统体育在新时期的发展。

八、传承性

文化发展具有传承性，我国民族传统体育作为一种优秀的体育文化，也具有传承性特点。

我国民族体育文化是优秀的民族传统文化，适应人类社会的发展。必须认识到，并不是所有的在历史上出现过的文化都可称为传统文化，只有那些具有重要价值、具有生命活力并得以积淀、保存和延续下来的文化才称为传统文化。我国民族传统体育文化与各个时期各民族的生产生活密切结合，具有非常强的生命活力，有着传统的延续、继承和发扬的条件与优势。

民族传统体育是我国优秀文化的代表，在历史和当前社会发展中发挥着非常重要的作用，传承民族传统体育文化具有重要的社会现实意义，因此，我国民族传统体育文化具有传承的必要性。

需要特别指出的是，我国民族传统体育的传承并非一种"文化复刻"，而是在传承的基础上进行发展和创新。民族传统体育在发展过程中内涵不断丰富，这对中华民族凝聚力的提升具有重要意义。另外，民族传统体育在传承过程中也会受到诸如社会、历史、经济、政治等因素的影响，其内容、形式、精神内涵等不断丰富。

第四节 民族传统体育的价值与功能

在民族传统体育的发展历程中，各民族所形成的不同形式的体育活动，都是与本民族的价值观念、稳定的价值取向以及社会关系有着密不可分的联系。因此，我们认为民族传统体育的价值具有多元的价值属性，它几乎能够满足人们各个层次的价值需要，比如伦理的价值、审美的价值、健身的价值和功利的价值等。全面探索民族传统体育的价值体系，了解民族传统体育自身所保留的历史信息和文化信息都有着十分重要的意义。

一、民族传统体育的价值

（一）历史价值

民族传统体育的历史价值主要体现在它所蕴含着丰富的历史文化信息。民族传统体育是一种深深植根于历史肥沃土壤中的种子和建构文化摩天大厦的基石。民族传统体育往往能够成为历史的风向标、时代的晴雨表、社会的温度计，在很大程度上为人们展示历史的风貌和再现时代的印迹。民族传统体育作为一种特殊的民族文化现象，是在一定历史条件下产生并传承下来的，它作为历史的产物，也必然烙有历史的印记，反映了当时的自然生态状况和社会的政治、经济、科技、军事、文化等状况，是各族人民千百年来智慧和汗水的结晶，是华夏民族长期身体实践的活态表现形式，作为历史上原生态的一种保留和反映，其中必然蕴含着十分丰厚的历史文化信息。

首先，由于民族传统体育通常是由于某种历史事件或者某个重要人物的原因，而逐步形成发展起来的，这些事件和人物对民族传统体育的传承与扩布起到了至关重要的作用。因此，它可以间接地反映出这段历史，成为历史文化的重要载体。

其次，民族传统体育可以体现出某一历史时期的物质生产、生活方式、思想观念、风俗习惯和社会风尚，它是人们文化生活中最活跃、最积极和影响最直接、最广泛的社会实践活动，是现代一切体育运动项目的主要源头。

最后，民族传统体育作为一种民间的、口传的、非官方的、活态的存在形式，其历史价值，可以弥补官方历史之类正史典籍的不足、遗漏或讳饰，有助于人们更真实、更全面、更接近本原地去认识过去的历史和文化。因此，我们必须深刻认识民族传统体育的历史传承价值，充分重视保护原生态民族传统体育的重要性，以确保民族传统体育文化的代代相传。

（二）人文价值

所谓人文，原指人类，引申为人性、人的情感，再转为人的文化、教养、教育。而我国传统中的"人文"，则指礼乐教化。如《易·贲》："观乎天文以察时变，观乎人文以化成天下。"[1]孔颖达说："言圣人观察人文，则诗书礼乐之谓，当法此教而化成也。"[2]人文是一个动态的概念，主要是指人类社会的各种文化现象。从大的方面讲，可以指社会的精神面貌和道德修养，从小的方面讲可指人对自身精神世界的一个感悟和认知。人文，作为人类文化的一种基因，作为一种朴素的习惯和意识，古已有之。

民族传统体育作为一种人类社会独特的文化表现形式，同样也包容了众多的中国传统文化元素，也正是由于受到中国传统文化的熏陶，才使得民族传统体育具有了刚健有为、循规守礼、中庸和谐、天人合一的人文价值观。这些基本的人文价值观也必然会渗透并制约着各种文化形态的发展。折射和积淀在体育民俗的文化性特征就是"三重三崇"，即重道德，崇利益；重亲情，崇理性；重传统，崇祥和。中国武术所独有的"武德"观念及其内涵正是这样形成的。中国武术众多流派拳种宗旨、戒律的制定，武林人物和事件的臧否，几乎无一例外地以武德为标准和依据。武德甚至影响了某些技术内容的发展。甚至盛行于唐代时期的"十五柱球戏"，也都深深地打上了"礼为上"的烙印。如在柱子上就分别标有"仁、义、礼、智、信、温、良、

---

[1] 于海英.易经[M].北京：华龄出版社，2017.
[2] 王文艳.孔颖达《五经正义序》疏证[M].郑州：郑州大学出版社，2020.

恭、俭、让"等红字和"傲、慢、佞、贪、滥"等黑字，木球击中红球者为胜，击中黑球者为败。这一小小的游戏过程就充分反映了娱乐活动中的道德规范和价值观念，而这些观念和规范直至今日仍然在诸多领域影响着中华民族传统体育的发展。

（三）社会价值

社会价值从理论上讲是指人通过自身和自我实践活动满足社会或他人物质的、精神的需要所作出的贡献和承担的责任。人的根本属性是他的社会性，而人的各种文化活动都离不开人类的群体参与。民族传统体育来源于劳动人民的生产和生活需要，并直接服务于生产和生活实践。因此，它的社会价值是十分显著的。

由于它独特的亲和力、渗透力、辐射力等特质，社会组织机构与制度往往会利用其来达成各种目标，进而实现中华民族传统体育的社会价值。许多民族传统体育活动，虽然至今我们还很难梳理清其原始的本意，或者很难找到原来的倡导者和创造者，但是它却顽强地一代一代地传承了下来，并一直影响着我们社会的发展，这本身就说明了它的强大生命力和社会价值。

另外，更为重要的是民族传统体育作为一种独特的文化表现形式已成为弘扬民族精神的重要手段，并且也成为凝聚华夏民族的精神纽带。众所周知，舞龙和赛龙舟原来都是祭祀龙的仪式。而舞龙和赛龙舟都需要运用集体的合力来完成，无法运用单个人的力量去运作。在这种集体的合作中，如果单个人的力量不能融入整个集体的节奏中去，会招致所有人的失败。我们可以将舞狮和舞龙做个比较。舞狮也是中华民族的艺术瑰宝，它至少需要两个人极其默契的配合，而舞龙人员的默契配合，可以根据舞龙的长度，达到十人、几十人乃至上百人之多。舞龙、赛龙舟这样的传统文化项目，最好地体现了龙文化"团结就是力量"的精神内涵。

（四）审美价值

各民族在自我形成发展过程中，不仅创造了丰富多彩的民族传统体育运动形式，而且还赋予了其美的内涵。从某种角度讲，每个民族的体育事项，都可以说是一个民族美的载体。在这种独特的运动形态中，注重了把民族感情、民族精神、民族风格、民族理念等自然融合在其审美对象和审美主体之中，使参与者和观赏者都能获得精神上的享受，这也是少数民族传统体育文化富有魅力和活力的重要原因之一。

民族传统体育的审美价值，是审美对象客观所具有的，在一定程度上它能满足人们的审美需要，给人们以审美的享受。对于民族传统体育而言，审美价值应从民族传统体育活动的全过程中来欣赏，它的实践过程也是一个审美的过程。从民族传统体育的实践角度看，各种形式的体育运动也是一个美的创造和表现的过程。在这个过程中，参与者所展现的身体美、姿态美、运动美、力量美、精神美，以及服饰美、器材美和环境美等都体现和满足了我们审美的要求，这种体育美的特征是综合性的，体现为通过对民族传统体育的参与和欣赏，使大众在获得审美愉悦的同时，培养审美能力，塑造审美境界，从而使心灵和性情得到陶冶。

因此，对于民族传统体育的审美价值，我们可以用"赏心悦目"来概括。赏者，玩也。《管子·霸言》有云："其所赏者明圣也"，尹知章注："赏谓乐玩也"，这里着重表达的是欣赏主体的内心感受，它反映的是民族传统体育审美方面所追求的精神境界。而悦目则是民族传统体育审美功能的重要方式，它是审美直觉性特点的一种反映。例如，苗族的踩鼓舞富有浓郁的苗族风情，将直径和长度各为1尺左右的鼓置于场中的木架上，由两个年轻的姑娘击鼓，姑娘们头戴银冠，插银簪，穿银衣，佩银牌、银牛角和银凤尾，颈上挂着银项圈和银链等，穿着节日盛装，围着圆鼓按鼓声的节拍翩翩起舞。这种娱乐身心的踩鼓舞，充分展示了苗族民间工艺的精美和歌舞的幽雅，使人心旷神怡。

总之，在整个民族传统体育的参与过程中，参与者不仅能够得到身心的锻炼，而且还能够充分得到自然的、社会的、艺术的等多方面的审美体验。

（五）健身价值

人类对自身的认识和修炼，是人类得以生存和发展的决定性因素之一。民族传统体育作为重要的健身手段与人类社会文化的发展息息相关，它使人们在长期的生产和生活中积累了大量的健身养生的理论和实践，体现了中国古代对生命本质、生命活动规律以及疾病发生等特点的认识，形成了不同于西方的身体观、运动观和健康观，为人类的健康作出了重要贡献。

民族传统体育在健身的理论方面由于受到中国传统医学的直接影响，形成了以阴阳五行、脏腑经络、精气神等学说为理论基础的健身体系，从而使得民族传统体育的健身思想明显有别于现代西方体育的健身思想。概括起来，我们可以从以下几个方面来理解：

①注重整体全面的健身思想。这种健身思想充分体现了中国民族传统体育活动从形式、内容，到方法、手段等方面强调"天人合一"的整体全息的思维模式。

②注重直觉体悟的健身思想。在身体锻炼中采取直觉与体悟的方法，这种健身的方法，突出了"身""心"的整体性，从而有效地发挥"形神"活动的统一性。

③注重养练结合的健身思想。这也是极具中国特色的健身理论与方法，它强调身体锻炼过程中，既要突出身体参与的运动性，又要重视健身活动中的养生保健作用，使身体得到均衡全面的发展。

④注重时间特征的健身思想。中国民族传统体育的实践活动十分注重顺应时间的规律适时健身，许多民族传统体育项目都具有鲜明的时间特征。如在中国古代十分注重"春生、夏长、秋收、冬藏"四时变化的自然规律，而人类生活在自然环境之中，必须要顺应四时的变化，调摄精神活动，以此追求人体与周围环境以及人的精神与形体功能的和谐统一，从而达到健身养生的目的。由此，我们可以看出，民族传统体育作为中华传统文化的一个重要分支，它的许多基本的健身养生理论和原则，都渗透了中国古代哲学天人相应、阴阳五行等观念的影响，使得民族传统体育具有了鲜明的民族精神、民族气质和民族性格。[1]

二、民族传统体育的功能

任何文化现象都是在特定社会历史条件下产生的，是满足一个民族社会需要的结果，这种需要可以理解为物质性的和精神性的两个不同方面，也正

---

[1]宋迪涛.民族传统体育传承与和谐社会构建［M］.北京：九州出版社，2019.

是由于这些需要才构成了一个民族的独特的文化价值系统，产生了对其有实际社会影响的功能作用。民族传统体育的功能是与体育文化的本质相联系的，它特殊的价值功能，在中华民族上下五千年的发展历程中产生了积极的影响。主要有以下几方面的功能。

（一）文化传承功能

民族传统体育是民族风俗文化之一，民俗文化的传承更多的是表现为行为性的感染来实现的。民族传统体育活动千百年来祖祖辈辈在炎黄子孙中传承，它所反映出的更多的是各民族传统文化的传承，通过民族传统体育的形式使广大民众在身体活动中，体验到一定程度的亲切感、归属感和欣慰感，比较典型的有武术、舞龙、舞狮以及龙舟竞渡。中华武术在海外被称为"中国功夫"，在我国历史悠久，源远流长。之所以深受广大人民的喜爱，长盛不衰，其主要原因是它反映了中华民族以爱国主义为核心的重德、务实、自强、宽容的民族精神。

因此，通过这种体育活动的形式将各民族的性格和崇尚喜好反映出来，并使其不断传承。这正说明民族传统体育有着强烈的文化传承功能。民俗不仅统一了社会成员的行为方式，更重要的是维系着群体或民族的文化心理。同时这种文化的传承随着我国国际地位的提升和全球经济一体化进程的加快，也正在被世界人民所接受。

（二）人文教化功能

民族传统体育的教化功能，是指民族传统体育在人类个体的社会化文化过程中所起的教育和模塑作用。教化就是指教育与感化。中华民族传统体育作为一种具有深刻的历史内涵和丰富的活动内容的文化类型，在儿童启蒙、劳动教育、道德修养和审美情趣的培养等方面都发挥着不可替代的作用，从而保证了其社会文化价值的实现。而民族传统体育活动本身，就是各民族通过体育运动的方式来进行自我的集体教育和集体娱乐的文化生活方式。在参加活动的过程中，无论是参与者，还是观赏者，都怀着强烈的民族自豪感，积极地投入到了各种民俗体育活动中，使人们在心灵上得到了净化和升华。

这无疑也是在潜移默化地接受着教育和感化。

比如，有着几千年历史的龙舟竞渡活动，在楚文化的影响下，形成了纪念爱国诗人屈原的传说，这种传说歌颂了爱国主义精神，歌颂了无私奉献精神，以及期盼国泰民安的美好祝愿，这些民俗活动都具有深刻的道德教化功能。因此，民族传统体育活动也成为了中华民俗文化代代延续的主要载体。[①]

（三）健身娱心功能

各种民族传统体育活动都具有很高的观赏性，同时还具有显著的强身健体的功能，它是寓健身活动于娱乐之中。民族传统体育的健身性和娱乐性是由体育的竞技性和表演性所决定的。千百年来，其健身娱心的功能得到了社会各界的普遍重视，它渗透在我国民俗文化的各个角落之中，影响着人们的文化生活。

同时，我国的民俗文化，也为民族传统体育的发展提供了空间，比如秋千、拔河、蹴鞠、竞渡、射箭、棋戏、乐舞、百戏等民族传统体育，也都得到了空前的发展。另外，通过民族传统体育活动也可以陶冶人的情操，磨炼人的意志，沟通人的情感，能够真正起到健身娱心的功能。人们在每次活动中，不仅身体得到了锻炼，而且在道德感上得到洗礼，意志得到锻炼、精神上得到满足。这种深刻的心理体验过程和特点，在一般体育活动中是难以亲见和领悟到的。无疑既有益于心理上的净化，也有益于体质的增强。

（四）精神激励功能

民族精神是民族特质的凝聚和集中表现，是一个民族漫长经历的历史积淀和升华，它渗透到民族的整个机体里，贯穿在民族的全部历史长河中。民族传统体育由于其特殊的历史渊源，对于中华民族的所有成员也具有强烈的精神激励功能。民族传统体育活动能够激发中华民族的每一个成员团结爱国、拼搏向上的民族自尊心、自信心和民族自豪感。因此，它也理所当然地

[①] 孙涛，廖勇胜.民族传统体育研究［M］.北京：现代出版社，2018.

成为维系全民族共同心理、共同价值追求的思想纽带。正如张岱年先生所指出："如果一个民族不具备文化优秀传统，或者虽有文化优秀传统而本民族的人民对之无所认识，那么这个民族的人民是不可能具备民族自信心的，而如果一个民族的人民缺乏民族自信心，也就不可能具有民族的自尊心自豪感，那么这个民族的前途是没有希望的。"[1]因此，民族传统体育作为弘扬民族精神的重要手段，不仅可以规范和引导民族每一个成员向前发展，保证着社会的安定有序，而且还可以把整个民族紧紧地凝聚、团结起来，使民族每一个成员同心同德朝着一个共同的目标前进。

（五）民族凝聚功能

共同的民族体育习俗，往往把同一民族同一地区的群众吸引在一起，自然而然地产生一种认同感和亲和感。民俗不仅统一了本民族成员的生活方式，更为重要的是维系着群体或民族的文化心理。每一个民族或社会群体，都生活在特定的自然条件与社会环境中，有自己独特的历史道路，因而形成了特定的集体心理。

在内蒙古各地举行那达慕大会时，周围牧民往往乘车或骑马，倾家出动，前往观看传统三项赛，这也给比赛增添了许多民族团结的气氛。再如，"龙"是中华民族的象征，"舞龙运动"不仅在民间是节日吉庆的娱乐活动，而且已经上升为反映华夏民族大团结的一种象征。按照古代画龙"三停九似"的说法，龙"角似鹿，头似驼，眼似兔，项似蛇，腹似蜃，鳞似鱼，爪似鹰，掌似虎，耳似牛"。

从上面这段论述中我们可以看到，龙是中国人创造出的复合型虚拟动物的形象，它与中华民族"多元一体"的文化背景是相吻合的。我们中华民族是由56个民族组成的，这56个民族单位就是多元，中华民族大家庭就是一体。舞龙这种运动项目，它也正是由多人的相互配合才能完成一条龙的完整运动，这正反映出了中华民族"多与一"的相互统一，体现了华夏民族团结合力的精神内涵。

---

[1]张岱年.张岱年文集·第一卷[M].北京：清华大学出版社，1989.

因此，舞龙运动在对于民族精神的凝聚与扩展方面，发挥了积极的作用。这一点不仅在国内，在海外华侨团体中也体现得较为明显，中国的舞龙运动在海外始终是一种民族精神的象征，它用"龙"这样一种中华民族优秀的传统文化，来熏陶教育海外的炎黄子孙，使其凝聚为一体，同心同德地为民族整体利益和长远利益而不懈地奋斗。

第二章
民族传统体育的起源与发展

第一节　民族传统体育的起源

民族传统体育是伴随着人类社会的发展而萌生的。新石器时代，人类的生产方式开始由渔猎、采集向畜牧和农耕过渡。到了父系氏族社会时期，出现了专门的手工业与经常性的商品交换，生产力不断提高，剩余产品增多；后期出现了私有制和阶级划分，爆发了部落之间的原始战争，有了原始的文化、艺术和宗教信仰，原始教育也由直接的劳动技能的传授，发展成以模拟劳动动作和提高身体素质为目的的身体练习。

一、民族传统体育萌发于生产劳动

原始体育的萌生与生产劳动是分不开的。20世纪70年代，考古工作者在山西阳高许家窑文化遗址中，挖掘出了古人类化石和数以万计的石器。值得我们注意的是，在这个距今至少10万年的文化遗址中，有1500多枚大小不一的石球。据专家们考证，这些石球是当时许家窑人狩猎所用的最有力的投掷武器。后来，由于弓箭等先进工具的发明、人们猎取野兽的能力逐渐提高，很少再需要用到石球这种笨重的工具，于是石球的功能便开始向娱乐性转化，扔石球的目的不再是为了击伤或击倒野兽，而只是为了消遣，增加一些欢乐的情趣。

在距今4万～5万年前的西安半坡人文化遗址中发现的三个石球，它们被放置在一个三四岁小孩的墓葬中，距今约有七千年的历史。很显然，这些石球已经不仅是狩猎的工具和保卫自身安全的武器，而且也是一种游戏的工具。

弓箭是狩猎民族的又一主要工具。据古籍记载，原始人可能是通过发现桑柘一类树木的弹力而制成了弓箭，"乌号弓者，柘桑之林，枝条畅茂，乌登其上，下垂着地。乌适飞来，后从拨杀，取以为弓，因名乌号耳"[1]，因而，古代良弓亦称"乌号"。它的发明是原始狩猎时代的一件大事，恩格斯在《家庭、私有制和国家的起源》一书中明确指出："弓箭对于蒙昧时代，正如铁剑对于野蛮时代和火器对于文明时代一样，乃是决定性的武器。"[2]发明了弓箭以后，狩猎的效率就有了很大提高。后来，当人们学会种植庄稼和饲养牲畜的时候，狩猎也不像以前那样重要了，人们弯弓射箭已不再是为了射得野兽饱腹充饥，而是为了显示射箭技艺。于是，具有体育性质的射箭活动出现了。

在出土文物中，还有原始社会后期的骨制鱼漂和鱼钩，说明捕鱼在当时已是经常性的活动，与之相应的投掷鱼漂、垂钓、游水等活动也已出现。

二、原始战争促进了民族传统体育的萌生

原始社会进入氏族公社阶段后期，我国已存在着华夏、东夷、南蛮、西戎、北狄五大民族集团，各民族集团内部或外部为了争夺生存空间或为了复仇就出现了原始的战争，这些原始的军事活动是促成民族传统体育萌芽的一个重要的社会因素。

从有关战争的传说中，我们发现了传统体育萌发的一些具体情况。《管子·地数篇》载："葛芦之山、发而出水、金从之出，蚩尤受而制之，以为剑铠矛戟，是岁相兼者诸侯九。"[3]《述异记》描写得更具体："轩辕之初立也，有蚩尤兄弟七十二人……与轩辕斗，以角抵人，人不能向，今冀州有乐

---

[1] 四部备要书目提要[M].上海：中华书局，1936.
[2] 江洋.恩格斯《家庭、私有制和国家的起源》研究读本[M].北京：中央编译出版社，2017.
[3] 王丙杰.诸子集成[M].北京：北京燕山出版社，2009.

名蚩尤戏。其民两两三三，头戴牛角而相抵。"[1]从这些传说中，我们可以看到角抵（后来的角力、相扑、摔跤等）最早起源于蚩尤，据说他还是铜兵器剑、矛、戟的发明者。这些虽然不一定是历史的真实，但属于东夷民族集团英勇善战的蚩尤部落改进了原始兵器则是可能的。原始兵器往往是仿照兽角和鸟嘴的形状制成的，后来随着战争的频繁发生和规模的扩大，专门的武器就出现了，有石刀、石弹、石斧和石铲，以及石或骨制的标枪头及弓用的矢镞等。

战争的出现，促成了武器和战斗技能的演进，以及对战斗人员进行身体和军事技能的训练，蹴鞠最早便是为了训练将士，以提高战斗力而创造出来的。南朝梁人宗《荆楚岁时记》引刘向《别录》的"蹴鞠，黄帝所造，在练武士，本兵势也"。[2]

三、民族传统体育在原始教育中的显现

原始教育最初尚未从生产劳动过程中分化出来，成为一种专门的活动，实际上，就是在生产劳动实践过程中进行简单的生产技能传授。到了氏族公社阶段以后，随着人类文明的发展，有了最早的文字（记事符号）、信仰、艺术和风俗习惯等观念，教育内容也相应的复杂了。

此时，氏族公社成员除在生产实践中受教育外，又在政治、宗教和艺术活动中受教育。他们参加选择领袖、讨论公共事务以及宗教等社会活动，利用游戏、竞技、舞蹈、唱歌、记事符号进行教育，利用神话与传说作为材料和手段。[3]这时的教育是在劳动之外进行的，模拟化的劳动动作代替了劳动技能的直接传授，大量使用了人设计的各种动作和活动形式。

生活在我国东北黑龙江畔的鄂温克人，在中华人民共和国成立前夕还处在原始社会末期阶段，男子达到十几岁时，即开始跟随父兄学习狩猎技术，父亲有义务给新猎手准备一支猎枪，负责教育。这种教育，是通过游戏和体育来完成的。

---

[1]扫叶山房.百子全书·第7册[M].杭州：浙江人民出版社，2013.
[2]四部备要目提要[M].上海：中华书局，1936.
[3]毛礼锐，瞿菊农，邵鹤亭.中国古代教育史[M].北京：人民教育出版社，1983.

由此可以推断出原始教育中包含着大量的体育内容，并且这些体育内容带有明显的地域性特征，这是由于散居在不同区域和环境下的各民族，需要掌握和学习不同的生产劳动技能与工具的使用，因而，各民族的原始教育便含有各自独特的传统体育内容。

第二节　民族传统体育的发展

一、古代民族传统体育的发展

（一）古代民族传统体育的形成

夏朝建立，不仅标志着我国中原地区从部落状态发展为国家状态，也标志着人们共同体从氏族部落发展为民族。经过夏、商、周、春秋战国两千多年的统治，氏族部落内部和地区差别日益减小，逐渐凝聚核心——汉族最终得以确立，并成为我国当时居住区域最广、人数最多的民族。而此时，我国少数民族大多还未进入阶级社会，处于部落联盟的氏族公社阶段，生产力落后，经济不发达，社会文明的进步程度直接影响传统体育的形成与发展。因而，这一时期的汉族传统体育得到了快速发展，少数民族传统体育则处于缓慢的发展阶段。

1. 战争的演进推动了民族传统体育的形成

进入阶级社会以后，汉族内部为争夺地盘、奴隶、猎获物，甚至王位继承权而战事不断，汉族与四方少数民族的战争也十分频繁。当时的北方多是游牧民族，骑马作战，随水草而居，他们的经济文化相对于中原汉族差别较大，生活习惯也很不一致，加之北方民族有南移之趋势，所以矛盾就比较多，战争时常发生。到了春秋战国时期，随着阶级矛盾的日益尖锐，又爆发了奴隶起义和新兴地主阶级与奴隶主贵族的战争，以及诸侯兼并争霸。战争次数增多，战争规模扩大，作战方式演变，是整个奴隶制时代战争的主要特点。①

从夏代到春秋战国，弓箭始终是战争中的主要武器。射箭成为主要的军事技艺之一，传授射箭技术、进行射箭训练成为一项十分重要的活动，传说夏时的后羿不但善射箭，而且善教射。到了西周时期，射箭被赋予了特殊的地位，发展迅速，对西周的成年男子来说，射箭不但是作战的必备手段，也是一种军事体育活动，具有敬德遵礼的性质，可用于进行道德方面的教育，也可用于维护奴隶主阶级的等级名分。

春秋战国时代，为了适应战争的需要，还发明了射程远、杀伤力强的弩射。有相关史料记载韩国的强弓劲弩，皆射六百步之外，"韩卒超足而射，百发不暇止；远者达胸，近者掩心"②。由此可见，弩射是战争中有力的远射武器。

我国北方以狩猎为主的少数民族，射箭是猎取食物、防御野兽侵害的工具，也是运用于战场的军事武器，因而，他们的射箭技术精湛，不逊色于汉族，弓箭制造也十分精良，早在二三千年前就能造出工艺精细的弓箭。据记载，公元前11世纪的西周初年，满族人就曾向周王进献过矢石弩。这些具有先进造箭本领的少数民族，当时过着无城郭、耕地和不知礼仪、迁徙不定的游牧生活，当牧区水草丰茂的时候，他们满足于自己的草原生活，但是每当草枯水乏之际，饥饿使游牧人躁动起来，他们竞相南下劫夺，善骑战使他们来如飙风，去若闪电。以笨重的车战为主的中原农耕民族遭受了无数次的重创，发展骑兵已是势在必行。赵武灵王在总结历史经验和吸取胡人长处的基础上，首先建立了一支强大的骑兵部队，提倡"胡服骑射"，习练骑射蔚然成风。从此，骑马和射箭这两项古代的军事技能在汉族地区广泛开展起来。

2. 文化的进步促进了民族传统体育的形成

进入奴隶制时代以后，就进入了中国古代文化的创建和初步发展阶段。首先出现了文字，促进了人类思维能力的增强，为教育的发展创造了条件，使教育进入了一个新阶段。同时，随着人类知识技能的日益广博，社会分工

---

①孙涛，廖勇胜.民族传统体育研究［M］.北京：现代出版社，2018.
②刘向.战国策［M］.南京：江苏凤凰科学技术出版社，2018.

日细，对人才的要求也从文武兼备演变为专于文或专于武。到了春秋战国时代，出现了"百家争鸣"的学术繁荣景象。这些对我国民族传统体育的最终形成都起到了积极的推动作用。

（1）古代教育中包含民族传统体育

人类最初的教育只是一些简单的生产技能和自卫本领的传授，到了奴隶制社会，教育的内容丰富了，出现了专门的场所和人员。据考古发现，商朝已出现了学校，当时称为庠或序，实行文武兼习的教育，但偏于武，在"习射"和"习武"中，以"习射"为主要内容。西周的学校教育比夏、商时有了较大发展，出现了以礼、乐、射、御、书、数为基本内容的"六艺"教学体系，其中有两项（射、御）与体育有关。

到了战乱频生的春秋战国时代，教育中更是包含了大量的体育内容，从孔子、荀子、墨子的教育思想中便可以看到这一点，孔子指出："有文事者必有武备。"[1] 教育弟子治国要教民以战，"善人教民七年，亦可以即戎矣"。[2] 而荀子在《荀子·乐论》中指出了娱乐是人们不可缺少的生活内容，主张进行肢体运动来达到娱乐身心的目的。墨子更是一位注意培养弟子武艺技能与勇敢精神的教育家，在墨子的教育内容中，军事体育占有一定的地位。

（2）文武分途影响民族传统体育

殷商西周时期是"武士"的时代，武士属于贵族阶级，占有土地与农奴，他们主要受"六艺"教育，这种武士教育是文武结合而以武为主的。但随着社会的发展，这种复合型人才越来越不能满足社会对专门性人才的需要。于是，人们便根据自己的条件和专长，或偏于文，或偏于武，"文武分途"是历史发展的必然，是社会进步的表现，对民族传统体育的发展起到了良好的促进作用。专门从事武事活动的人，促进了武艺技术的发展和提高，出现了具有总结性的技击理论。例如，越女在与越王勾践谈论剑术时，提出了先静后动、静中求动、动静结合的道理，至今仍是武术理论的重要组成部分。

---

[1] 孔子. 四书五经 [M]. 延吉：延边大学出版社，2017.
[2] 孔子. 四书五经 [M]. 延吉：延边大学出版社，2017.

（3）学术繁荣为民族传统体育理论奠定了基础

春秋战国时期呈现的"百家争鸣"的繁荣局面，是我国古代学术文化空前发展的黄金时代，也是我国体育思想形成的重要时期。

春秋战国时代的哲学思想主要是对宗教性的"天"的动摇与否定，由重神轻民转变成重人贵生。老子与孔子分别从不同的思想体系对这种哲学观念作了表述。《老子》提出了"道"作为超越时空的本体，粉碎了"天""上帝"等神秘宗教的传统。《道德经》提出了丰富的朴素辩证法思想，道家的哲学思想成了中国古代体育思想（如养生思想、武术思想）的重要根源。古代武术理论从对武术的本体的认识论到武术技击的方法论都与道家哲学有着不可分割的血肉联系。

孔子及先秦儒家的"仁学"思想对中国古代体育有深远影响。在儒家有关"礼治"的文献中，对古代体育的社会效能有不少论述。荀子的"人定胜天"及"动以养生"的观念是古代体育思想中对运动作用的正确认识的重要思想渊源。先秦的阴阳、五行学说是朴素的辩证法和唯物论，对中国古代文化有着极为广泛深远的影响，是构成中国古代体育思想的重要因素，也为民族传统体育理论的形成和发展奠定了基础。

3. 经济的发展为娱乐性传统体育活动创造了条件

到了奴隶社会以后，生产工具的改善和社会制度的更新，极大地促进了生产力的提高，经济日趋繁荣。一些较为简单的、娱乐性较强的传统体育迅速崛起，譬如龙舟竞渡、举重、秋千、飞鸢（风筝）等。这些传统体育活动，既受到上层统治阶级的喜好，也受到广大人民群众的欢迎，在民间得以广泛开展。

有一些娱乐性较强的民族传统体育活动，早在奴隶时代以前就已经出现。但随着社会的变迁，它们从最初的生产劳动、宗教祭祀以及原始战争的母体中脱胎而出，演变成具有新的功能和意义的传统体育形式。譬如，龙舟竞渡在战国时期的荆楚大地被赋予了纪念屈原的意义，而在吴地则被赋予了纪念伍子胥的新内涵，成为民众津津乐道的一项传统的娱乐竞技体育活动。此外，在许多民族中广泛开展的风筝活动，最初被称为飞鸢、纸鸢，用于军事战争中刺探他国情报,随着社会的发展和人们对娱乐活动的需要,逐渐演变成为一项娱乐性的传统体育活动。战国时代民间还流行一种小球游戏"弄丸",其玩法为抛接数个小球,这个古老的项目在今天的杂技表演中还常常看到。与此同时,某些原先流行于一隅的体育活动项目,也因战争等原因传入中原。秋千实际上就是一项起源于山戎地区民族中的游戏活动,齐桓公在北伐山戎的战役中,看到了这个少数民族中有人踩在用两根绳子吊在半空的板子上,晃来荡去,显得十分轻捷矫健,于是就把这种游戏带回了齐国,并在汉族民众中得到开展。[①]

总之,进入奴隶社会以后,特别是春秋战国时期,生产力提高,经济繁荣,人们的思想空前活跃,文化观念和文化需求也呈现出一种多元化的格局,为娱乐性的传统体育活动在当时的流行与发展创造了条件。

(二)古代民族传统体育的兴盛和繁荣

秦汉三国是我国历史上继往开来的重要发展时期,从思维方式、统治思想、政治制度到民风民俗、节日节令,都为中国后来的发展打下了坚实的基础。体育作为社会文化的重要组成部分,也同样适应新时代的要求,在继承先秦体育与引入外来体育的基础上有所扬弃,形成了后世体育发展的基本格局。

两晋南北朝时期的体育,无论在开展的项目方面,或是在发展的规模方面,与秦汉时期相比,都显得有些逊色。但玄学的兴起、少数民族的大量内迁,为民族传统体育的发展注入了新的活力,使这一时期的传统体育极具时代特征。

1. 民族融合中的传统体育

秦王嬴政统一六国,结束了自春秋战国以来五百余年四方民族与华夏民族之间及其内部的兼并纷争,在各族文化长期以来互相融合的基础上,以中原农耕形周秦文化为基本模式,采取向兼并地区大量移民的方式,向全国推广。汉取代秦而立,继续推行统一政策。同时,我国北方也建立了多民族的

[①] 田祖国,郭世彬.民族传统体育[M].长沙:湖南大学出版社,2018.

匈奴帝国。由此，我国多民族的统一国家最终得以确立，即北匈奴、南秦汉。在大一统的局面下，各民族的社会经济和文化迅速发展，各民族间的交往开始频繁起来。

西晋"永嘉之乱"之后，中国经历了空前广泛的民族大融合时期。原处西、北边境的匈奴、鲜卑、羯、氐、羌等民族先后进入黄河流域建立了政权，北方汉人大批南渡避乱，又引起了南方的民族变动。

持续的民族交往和融合丰富了体育活动内容，促进了部分传统体育活动在各地区的传播，使一些地方性活动项目开始在全国各地开展。譬如，目前在我国十几个民族中流行的摔跤运动，秦汉时期已经形成了三种不同风格的方式，当时称为角力、角抵、争跤。1975年湖北江陵凤凰山出土的漆绘木篦上所描绘的角力图，代表了一种风格，其特点是无固定抱法，可采用击、打、摔、拿等动作，相当于古希腊的摔跤。1955年陕西长安客省庄出土的角力纹透雕铜饰上的角力，代表了另一种风格，角力方法有固定搂抱的要求，即一手抱腰、一手抱腿，至今在维吾尔等少数民族中仍沿用这种摔跤方式。吉林集安洞沟出土的东汉时期高句丽角力图，也采取固定搂抱方式，但与客省庄角力者的抱法不同，采用双手搂住对方的腰，与后世相扑的抱法完全一样。

两晋南北朝时，原本是游牧民族的匈奴、鲜卑等少数民族入主中原后，骑马射箭仍然是为战争服务，仍然是与健身结合的军事体育项目，但后来受到中原文化的影响，骑马射箭常与汉族的传统节日结合在一起。

2．传统体育的娱乐色彩日趋浓厚

秦汉之前，许多传统体育活动是练兵的重要手段，或是祭礼的附庸品，功利性较强，娱乐性淡薄。秦始皇统一中国后，战乱结束，文化娱乐上的需要较为突出，人们开始更多地关注体育的娱乐性，特别是两晋南北朝玄学的兴起，又进一步冲击了礼教、军事对传统体育的束缚，使其更多地按照体育本身具有的娱乐性、竞技性特点发展。

（1）从军事训练项目转化而来

春秋以来，部分军事训练项目逐渐从军事中分化出来，朝竞技、表演方向发展，"田忌赛马"不以进退周旋必中规矩的"五御"为务，而以竞赛速度为赌；项庄舞剑，杀伐决斗的技艺，被转化为娱宾助兴的表演手段；特别是百戏（角抵戏）的产生，又包容了角力、举鼎、击剑、射箭、投石等有关身体训练形式与军事技巧。百戏脱胎于西周的"讲武之礼"，当时的"讲武之礼"本是一种以比赛形式进行的军事训练或军队检阅，丝毫没有娱乐的意义。到了秦二世时，才增加了杂技、舞蹈等内容、纳入了宫廷娱乐之中。两汉以来，其内容和形式又有了很大的发展。到东汉时已经成为一项内容庞杂的综合表演形式，以险、难、奇为特征而著称于世，表演者大多是经过严格训练的专职艺人。于是，这种"讲武之礼"便成为具有极强观赏性的娱乐活动了。

带有军事色彩的围棋，在汉代班固的《围棋赋》中就有"略观围棋兮，法于用兵"[1]的说法，可见当时仍用军事的眼光来阐述围棋的一般原则和要领。到了南北朝时，在崇尚智巧的社会风气下，围棋迎来了发展的黄金期，弈棋人员，遍及社会各个阶层（包括政治家、军事家、文士名流和贵族子弟），为前代所少见；而对棋艺研究之精，对后世围棋发展影响之大，也是前代所莫及。这一时期，围棋高手辈出，且出现了评定围棋水平的"品位制"，以及专记棋艺的棋谱，并对原有棋制进行改革，确立了19道的围棋棋盘，使围棋更加变化莫测，妙趣横生，更富于竞技性和娱乐性。

（2）从冲破传统礼教束缚而来

汉代的田猎（打猎）活动基本上摆脱了"顺时讲武"的束缚，与其他娱乐活动联系在一起，发展成为一项重要的休闲娱乐活动。尽管不少儒生因蒐狩之礼的变质而长叹，为违时的田猎而苦谏，其结果依然不能使田猎回复到演礼施仪的先王之礼，就连热衷于礼教的汉成帝也经不住驰骋山野所带来的身心欢娱的诱惑，未将田猎归入讲礼之类。

春秋战国时代，由于文武分途的出现，社会上兴起了大量的不会舞刀弄枪的文士，但他们也有参加体育活动的需求。因而，出现了从"射礼"演变而来的投壶活动，其烦琐、形式化与射礼完全一致，《礼记》中有《投壶》一章，专记投壶之方法礼仪。汉魏间，投壶基本摆脱了原来那一套繁文缛节，进一步游戏化，并且花样翻新，仅从《投壶赋》中就可见"络绎联翩、

---

[1] 班固. 汉书［M］. 昆明：云南人民出版社，2015.

爱爱兔发，翻翻隼隼，不盈不缩，应壶顺入"①的参连法，以及交叉投掷法、左右开弓法，等等。

3. 棋类游戏的大发展

汉武帝采纳了董仲舒的意见，并在长安设置太学，开创了政教分离的官办学校教育。汉代官方学校的教育以"经学"或"辞赋"取代了先秦时期的"六艺"，基本上排除了有关身体技能的学习内容。

官方教育思想的改变，也影响了官僚成分的改变，汉初孝惠吕后时，开始了重文士、轻武夫的先河。"重文轻武"的观念与引以为荣的士大夫地位，影响了人们对体育活动的看法，深深地打上了"君子劳心，小人劳力"的印记。于是，社会上形成了"雅""俗"两类不同的体育活动，其中有利于陶冶情操、修身养性的棋类游戏活动得到了王孙贵族和士大夫的喜爱。魏晋玄学的兴起，又进一步促进了这些"雅"体育向娱乐性、竞技性方向的发展。而体育的"俗"，主要体现在民间传统体育的群众性，一些体育项目来自于民间，如山西沂县的挠羊（即摔跤），河北白洋淀的狮子舞、小车、杠子，山西清徐的背杠都别具风味。在春节期间，民间有玩龙灯、舞狮子、踩高跷的习俗；在端午节，人们兴高采烈地划龙舟，这些都是广为流传的民间体育活动。

汉成帝和魏文帝都是弹棋迷。三国时期在魏文帝曹丕的倡导下，朝臣名士无不争能，一时间掀起了"弹棋热"。曹丕和王粲等人还分别作过《弹棋赋》，称颂这种非常令人迷恋的游戏活动。先秦时期盛行的六博，到了汉代得到更广泛的传播，尤其在宫闱、王府和富豪之中特别盛行。汉景帝、汉宣帝、汉桓帝以及不少大臣，都是见诸记载的六博好手。汉代上流社会中还流行一种叫作"格五"的棋类游戏，它是在六博的基础上发展起来的，取消了用骰子掷彩的方式，靠行棋的技术来战胜对手，这样便同六博这种带有一定赌博性的游戏分野，成为汉代贵族和士大夫们喜爱的一种雅戏。樗蒲大约是在西汉时期从西域传入中原地区的，到了西晋以后，这种游戏已在皇帝和达官贵人中流行开来，晋武帝、宋武帝、周文帝以及桓温、王献之、颜师伯等

---

①戴圣.礼记［M］.沈阳：万卷出版有限责任公司，2019.

人都擅长樗蒲。握槊流行于北朝，本是西北少数民族的游戏，后传入汉族贵族之中。双陆则盛行于南朝，它与握槊只不过是名称不同，流传地区不同，但形制是一样的。

4. 节令中丰富多彩的民族传统体育

我国的传统体育在长期的流传过程中，被古人赋予了一定的思想内容，特别是与节令有联系的传统体育内容，甚至带有某种宗教目的和迷信色彩。譬如重阳登高，最初是含有避瘟神逃灾去难的意义；元宵节的灯火是为了祭祀太一而创。到了隋唐时代，这些节日、节令中的传统体育内容与形式进一步向娱乐性和竞技性方向发展，赢得了更广泛的发展空间。

唐代，拔河不仅在民间流行，而且进入了宫廷，成为一项规模宏大的娱乐活动，开展拔河的时间常在正月十五，参加拔河的人数动辄上千，颇有声势。薛胜在《拔河赋》中称："皇帝大夸胡人，以八方平泰，百戏繁会，令壮士千人，分为二队，名拔河。"[1]秋千又是一项与传统节日、节令结合在一起的民族体育项目，据《开元天宝遗事·半仙之戏》记载："每年寒食清明期间，唐代宫女都打秋千取乐，唐玄宗呼之为'半仙之戏'，都中士民因而呼之。"[2]竞相效仿，风靡一时。

端午龙舟竞渡，是我国特有的民间体育活动，具有悠久的历史。在隋唐时代，其娱乐竞技特色尤为突出。从唐代诗人张建封的《竞渡歌》中我们可以看到当时龙舟竞渡的热闹场面，唐代诗人符载所创作的《上巳日陪刘尚书宴集北池序》，诗中有云："其猛厉之气，腾陵之势，崇山可破也，青天可登也。"[3]这些也反映了竞渡时的磅礴气势。"寒食节"是我国古代的传统节日，即现在的清明节，寒食节前后，除个别地区外，正是"春风不热不寒天"，人们借着节日机会，走出户外，一面饱赏大好春光，一面参加有益的体育活动。"寒食蹴鞠"就是在这样的背景下应运而生。最早出现寒食蹴鞠是在南北朝，至唐代时十分兴盛。白居易在《洛桥寒食日作十韵》中就写

---

[1] 戴圣. 礼记［M］. 沈阳：万卷出版有限责任公司，2019.
[2] 王仁裕. 开元天宝遗事［M］. 北京：中华书局，2006.
[3] 施树禄. 全唐诗赏析［M］. 北京：中国言实出版社，2017.

道:"蹴球尘不起,泼火两新晴。"①除了以上几种代表性的节令体育外,重阳登高、元宵赏灯游戏等都是在唐代开展得较好的传统体育活动。

5.体育交流频繁

隋唐处在我国封建社会上升时期,统治阶级具有开拓、进取的精神风貌和开明、民主的统治思想,对内采取平等相处、爱之如一的民族政策;对外来文化,敢于兼收并蓄,积极发展与外邦的友好关系,从而促进了国内各民族之间以及中外的体育交往,许多传统体育项目就是在这一时期得以走出国门。同时,异域的体育文化也充实了我国的民族传统体育。

今天新疆维吾尔族中开展的一种立于小圆毯上旋转而起的舞蹈,在唐代的出土文物上便可以看到,当时称为胡旋舞。胡旋舞出自中亚细亚的米史、康居、那色波等昭武九姓国,这些国家的居民原先居住在祁连山北的昭武城（今甘肃高台县）,后迁移到中亚细亚,分为九国,同姓昭武,并与唐王朝保持着友好的往来。开元、天宝年间,米史、康居等国曾多次向唐王朝进献胡旋女子,于是胡旋舞传入中原。此外,据史料记载,唐太宗李世民听说西蕃人好打马球,就专门派人去学习,不久马球就在王公贵族间流传开了,唐高宗李治也曾礼请吐蕃击球好手到长安传艺。这些都是我国各民族人民体育交流的历史明证。

繁荣强盛的唐王朝当时曾引起世界许多国家的关注,京城长安成为国际交往的城市,世界四十多个国家的使臣先后到达大唐帝国。其中以日本和朝鲜与中国的交往最为密切,公元630年开始,日本多次大规模派出遣唐使和留学生;中国扬州高僧鉴真也应日本僧侣的邀请,克服重重困难,到达日本。双方的友好往来大大促进了两国之间的了解,增进了经济、文化等方面的交流。中国的投壶、蹴鞠、击鞠、围棋、步打球先后传入日本,日本射手在唐高宗年间也曾来我国表演射技。作为中国近邻的朝鲜,也曾多次遣使来我国,与唐朝建立了深厚的友谊,我国的围棋、蹴鞠等传统体育项目也正是在此时传入朝鲜,并在朝鲜扎根、发展。唐代诗人张乔的《送棋侍沼朴球归

---

① 施树禄. 全唐诗赏析［M］. 北京:中国言实出版社,2017.

新罗》就是一首反映中朝体育交流的诗篇。[①]

6.围棋娱乐活动的开展

在南北朝及其以前,围棋以它的军事性、娱乐性、竞技性受到历代政治家、军事家和社会名流的喜爱。其中围棋的军事性受到许多围棋名家的重视,随着唐朝社会生活的安定,人们对围棋价值观的认识开始发生了变化,从围棋著作的归类上也反映出这一变化。《隋书·经籍志》把辑录的围棋著作,全部归入《子部·兵书》类,与《司马兵法》《孙子兵法》《吴起兵法》等著作同列一类。但是,专记唐朝一代藏书之盛的《旧唐书·经籍志》和《新唐书·艺文志》,则把围棋著作归入《子部·杂艺术》类。这说明围棋的存在,已不在于它的军事价值,而主要在于陶冶情操、愉悦身心、增长智慧,下棋与弹琴、写诗、绘画被人们认为是风雅之事。因而,社会上出现了以善弈为荣,以不善弈为耻的风气。

二、近代民族传统体育的发展

(一)民族传统体育观念的转变

随着西方殖民主义者的向外扩张和帝国主义的入侵,从西方国家发展起来的许多近代体育项目开始传入中国,这无疑是对中国传统文化的一次冲击。在中华大地上土生土长的民族传统体育,在与西方体育的冲撞中,不断地重新认识、改造和发展自己。

这种重新认识的过程,早在洋务运动时就开始了,洋务派与维新派认为西方除有强大的军事工业外,还重视体育、全民皆兵,并认为,尚武与重视体育非西方国家所独有,我国古代早就有尚武之风。为此,大力提倡发扬光大中国的习武传统,以强国强民。

---

①孙涛,廖勇胜.民族传统体育研究[M].北京:现代出版社,2018.

1915年，体育界一批有识之士，在西方体育传入我国后，对民族传统体育的发展进行检讨，认为各国的体育运动，因其风俗和习惯等不同，各有其自身的特点，未必符合我们的国情。因此，发展体育，应从我国的实际出发。这种观点促进了体育界开始对传统文化的再认识，并重新评价民族传统体育。当时不少人认为，由于受到政治、经济、文化发展不平衡的限制，刚刚传入中国的西方体育，尚不能完全被我们接受，因而，主张对民族传统体育进行深入研究，找出其在时间上、能力上、经济上都能合算的"适宜运动"来。体育界一些人士更著文称道，传统体育与西方近代体育相比，有着更多的优点。上述的认识和观点的出现，形成了一场关于西方近代体育与我国民族传统体育比较的大争论，把对传统体育的认识与反思推向了高潮。①

（二）民族传统体育内容的改造

在对传统体育的再认识与改造中，人们不再单纯地从练兵、娱乐、礼教等意义上去认识和看待传统体育，而是认为传统体育与西方体育一样具有强身健体和教育等功能，应当受到重视。这样一来，对传统体育中的健身术和武术的研究与推进，成为这一时期近代体育演变过程中的重要内容。

20世纪20年代前后，体育界人士开始对传统体育的活动形式进行整理研究。以精武体育会、北京体育研究社等为代表的一些组织和人士，在继承传统的基础上对传统体育（主要是武术）进行了整理。他们的贡献在于用新式的体育组织取代了旧式的武馆等带有浓厚封建宗法色彩的组织形式，这种整理和改造促进了武术运动的推广与普及。

马良等人则利用近代运动形式对传统体育活动进行了改造。如20世纪30年代褚民谊的太极操采用了近代徒手操的某些形式。②这种改造无论成功与否，毕竟不失为一种有益的尝试。

另外，有不少人从民间游戏中整理出一些项目，提供给中小学作为体育教学的内容。金兆钧所著《中国游戏》、潘蜇虹的《踢毽术》和工怀琪的《正反游戏法》等，这些著述也为民间游戏的推广起到了积极的促进作用。

①宋迪涛.民族传统体育传承与和谐社会构建［M］.北京：九州出版社，2019.
②董霞.民族传统体育教学［M］.长春：吉林大学出版社，2018

还有滑冰、空竹、跳绳、风筝等也都得到一定的整理与研究。在对传统体育活动进行整理和改造的基础上，以传统体育活动为内容的运动竞赛也逐渐增多，其中规模较大的有1924年长沙风筝比赛、1933年河南第1届民俗运动会、1933年天津踢毽子比赛等。这些比赛的规则对民族传统体育项目的普及与提高有着积极的作用。

（三）民间流行的传统健身活动

近代民间还流传许多与武术有关的健身活动，主要有八段锦、易筋经、五禽戏等。八段锦起源于宋代，流传到近代发展成多种多样，原本有文武之分，明清时流行文八段，近人在原八段的基础上增加了四段，取名为十二段锦。易筋经最初见于明天启四年的手抄本，但直到清道光以后，才得到较广的流传。由于古本易筋经中许多与呼吸结合的方法含有不少糟粕，因而近代流行的主要是易筋经的肢体运动部分。传为汉末华佗所创的五禽戏，是模仿虎、鹿、熊、猿、鸟五种动物的动作而编成的一套健身操，至近代，它已有多种形式，有的偏重内功，有的着重练"刚"劲、有的着重练"柔"功。以上几种与武术有关的健身形式，都在这一时期得到了较大的发展。[①]

近代民间的传统健身活动，还有杠子、皮条、石担、石锁等形式。杠子相当于现今的"单杠"表演，皮条则与"吊环"相仿，而石担、石锁则是一种练力的形式。这些场地易找、设施简单而又易于普及的健身活动，主要流行于乡间田野，具有相当的生命力，它们与传统武术一类的健身活动，成为当时民间常见的、易于推广的主要形式。

此外，在少数民族居住地区，许多具有地域特征的民族传统体育项目也成为人们强身健体的活动内容。譬如哈萨克族的"姑娘追""刁羊"、藏族的碧秀（响箭），以及在蒙古族和朝鲜族中广泛开展的摔跤活动等。

三、现代民族传统体育的发展

1949年中华人民共和国成立后，党和政府提出了"积极倡导，加强领

[①] 宋迪涛.民族传统体育传承与和谐社会构建［M］.北京：九州出版社，2019.

导，改革提高，稳步前进"的民族体育发展方针，为各民族体育的交流和发展创造了良好的条件，民族传统体育迎来了新的发展机遇。其发展历程大致可分为三个阶段。

（一）挖掘与整理阶段

历代统治者对少数民族文化（包括民族体育）持弃之不顾、任其自生自灭之态。1949年中华人民共和国成立后，党和各级政府以"清理古代文化的发展过程，剔除其封建性糟粕，吸收其民主性精华，是发展民族新文化提高民族自信心的必要条件"[①]的精神，作为少数民族传统文化和少数民族传统体育发展的根本方针，通过挖掘、整理使少数民族传统体育逐渐摆脱了狭隘的地域限制，逐步由地区向全国扩展。

1949年人民政府对民族传统体育进行了大规模的整理和发掘，把具有浓厚民族色彩的少数民族体育发展成为对抗性较强的竞技运动。譬如，流行于各民族中的摔跤活动，经过综合和改造，发展成为具有民族特色的中国式摔跤，列为第1届少数民族传统体育运动大会的竞赛项目，并在1953年成立了中国式摔跤协会。随后，国家体委颁布的《中华人民共和国运动竞赛制度的暂行规定》把中国式摔跤列为实施竞赛制度的43个运动项目之一，并规定每年举行一次单项锦标赛。1956年在北京举行了中国式摔跤锦标赛，1957年制定了《中国式摔跤竞赛规则》，至此，我国的传统体育项目——摔跤完成了它的竞技性改造。1984年有21个省、市、自治区代表队参加了全国民族体育形式表演及竞赛大会，大会期间，各队表演了蒙古族摔跤、朝鲜族摔跤、维吾尔族摔跤，以及国际上比赛的古典式摔跤和自由式摔跤，交流了各种摔跤技术，充实了中国式摔跤技术的宝库。

此外，1953年举行的少数民族传统体育运动大会也是民族传统体育获得新生的一个标志，是我国民族体育运动史上的一个里程碑。首届民运会确定了少数民族体育的发展方向，加强了全国各族人民的团结，为民族体育的研究和整理打下了基础，标志着少数民族传统体育开始步入了新的历史时期。

---

① 毛泽东. 新民主主义论 [M]. 武汉：长江出版社，1949.

（二）停滞与恢复阶段

从20世纪50年代后期至70年代后期，少数民族传统体育不可避免地受到了严重的干扰。

党的十一届三中全会之后，少数民族地区的经济有了长足的发展，为民族传统体育的发展奠定了坚实的物质基础，营造了良好的社会环境，复兴民族传统体育的时机已经成熟，只是由于二十多年的停滞造成的损失难以弥补。进入20世纪80年代后，国家有关部委召开了全国少数民族体育工作座谈会，将民族体育工作重新列入工作议题，各级有关部门积极倡导挖掘、整理民族体育，但民族传统体育仍然呈现出不容乐观的状态。以第2届民运会为例，虽然参加人数与第1届民运会相比有所增加，但竞赛项目只有两项，并且采用全国其他运动会的比赛规则和形式，缺乏民族特色，比赛规则、项目设置等均有待于进一步完善和规范。总之，此时的民族传统体育项目仍处在一个百废待兴的局面。

（三）普及与提高阶段

到了20世纪80年代后期，民族传统体育经历了数年的重新崛起后，进入普及与提高阶段。其显著性的标志就是从1982年开始，我国少数民族传统体育运动大会每4年举行一次，至今已分别在天津、内蒙古、新疆、广西、云南、北京、西藏、宁夏等省区市举办了11届。由于国家的支持和各省区的共同努力，该项赛事以其民族性、广泛性和业余性为特色，成为全国较有影响的大型综合性体育运动会之一，为挖掘整理各民族传统体育，弘扬民族体育文化，发展民族体育事业和全民健身运动，提高各民族人民身体素质，促进各民族团结等方面作出了积极的贡献。

此外，民族传统体育的提高还体现在以下三方面。

第一，对一些民族传统体育项目进行改革和综合创新。譬如，1984年，国家体委综合蹴鞠、花毽和现代足球、排球、羽毛球运动特点，推出毽球项目，这是贯彻古为今用、开发民族传统体育的成功尝试。进入20世纪90年代后，由北京民族体育协会根据古代人们蹴鞠的方法，并结合流传于我国民间的一些球法，整理挖掘出一项新兴的民族传统体育项目——蹴球。1991年第4届和1995年第5届民运会上蹴球被列为表演项目，在表演过程中没有统一的规则，场地、器材也没有统一的要求，运动员在场上随意踢、踹。1996年国家体委、民委将蹴球项目的研究和整理工作交给了北京体育大学，北体大科研处组织有关专家对蹴球进行了为期3年的研究和整理，通过大量的实践和比赛，经过反复的修改，为蹴球项目制定了比赛规则，成为第6届民运会的正式比赛项目。

第二，对一些民族传统体育活动中存在的陋习进行了革除，如傈僳族的"东巴跳"，经过提炼改革，摒弃封建文化的糟粕，弘扬健身和艺术的价值，成为一项独具特色的民族体育活动。流行于江浙一带的龙舟竞渡活动，具有极强的民族特色，蕴涵着我国丰富的传统文化，但其中迷信成分也占有很大的比重，经过改进，革除了陈俗陋习，使现代的龙舟竞渡成为深受全国各地民众欢迎的一项传统体育活动。[1]

第三，独具特色的民族传统体育开始走出国门，走向世界。1990年北京举行的第11届亚运会上，中国武术被列为正式比赛项目，并成立了国际武术联合会。1991年在内蒙古举办了"国际那达慕大会"，向世人展现了具有草原风采的民族传统体育文化。另外，毽球、龙舟、风筝、围棋等项目的国际性表演和竞赛日趋增多，呈现出前所未有的发展趋势。

综上所述，自中华人民共和国成立后，在挖掘、整理、研究和提高方针的指导下，民族传统体育项目得到进一步丰富和完善，完成了组织建设，正确处理了继承、改造、创新与发展的关系，并通过各种形式的运动会和活动，增强了各民族之间的相互了解、相互学习和相互促进。几十年的事实表明，民族传统体育已成为我国各族人民体育生活中不可缺少的重要组成部分，并已逐渐成为整个人类所共有的财富。

---

[1] 孙涛，廖勇胜.民族传统体育研究［M］.北京：现代出版社，2018.

第三章
民族传统体育的文化属性与文化内涵

第一节 民族传统体育的文化属性

一、民族传统体育的本质属性

从本质上说，民族传统体育是一种社会文化，是社会文化的重要组成部分。我国民族传统体育具有各民族文化的烙印，民族文化差异性在我国民族传统体育中有显著的表现。除此之外，即便地区和体育项目都相同，但在运动方式与方法上存在很大区别。地方特点在持续汇聚、逐步融合的基础上，会逐步发展成具有显著地域特色的文化景象。

作为一种社会文化形态，民族传统体育充分表现出了我国不同民族在生产方式、生活技能、社会风尚等方面的巨大差异，也正因如此，才构成了我国民族传统体育内容多元、形式多样、丰富多彩的民族文化和体育文化体系。

二、民族传统体育的文化属性

（一）生产性

人类文化的产生可以追溯到人类早期的生产生活，因此，作为一种社会文化，民族传统体育源自人类早期生产，具有文化生产属性就非常容易理解。

在民族传统体育文化的产生与发展过程中，人类早期生产活动是重要的文化雏形的培养土壤。一些特殊的具有技巧性的用于生产的身体活动最终发展成为民族传统体育。

民族传统体育文化的生产属性与生产方式、生产工具密不可分。以游牧打猎为生产方式的地区为例，这里的民族生产活动中，弓箭、马牛羊是主要的生产工具，其中，马匹是游牧民族进行生产必备的生产工具，由此逐渐产生了"马上文化"，产生了马上民族传统体育运动项目，如赛马、骑马射箭、骑马刁羊、马球等。在以打猎为生的民族中，如鄂伦春族，经常参与狩猎业的生产，在日常生活中，鄂伦春族常从事的体育项目也离不开狩猎活动，主要体育项目有赛马、斗熊，鄂伦春族的骏马、猎枪、猎犬更是世界闻名。

综上所述，生产性是民族传统体育最基础的文化属性。

（二）生活性

生活是创造文化的源泉，人类所有文化的创造都是从日常生活中获得灵感的，人类文化的发展也会受到人类生活环境的影响。

人类社会早期，生产与生活密切联系在一起，各种身体活动使得早期人类能从自然中获得一些必要的生存资料，这些生存资料首先要满足人们的日常生活（饮食、居住、求生）需求，然后再将一些日常生活中制造的工具用于狩猎、游牧、耕作等生产活动，在拥有了一定的生产生活资料之后，人们的基本生活需求得到满足，然后会寻求精神上的满足，即开始从事一些欢庆丰收等活动，这些具有原始宗教性质的身体活动就是早期民族传统体育活动的雏形。[1]

伴随着人类社会发展与文明进步，一些身体活动逐渐脱离生产需求，成为独立的体育文化现象，在丰富人们的业余生活中发挥了十分重要的作用。

在现代社会，体育的生产性已经完全消失，但其在人们生活中仍然发挥着重要的作用，成为广大群众生活中的核心与文化主体。少数民族传统体育在不同民族的日常娱乐生活中发挥着重要作用，尤其是民族重要节日中，给

---

[1]田祖国，郭世彬.民族传统体育［M］.长沙：湖南大学出版社，2018.

人民群众营造了节日气氛，带来了节日快乐。

（三）哲学性

民族传统体育是我国优秀的文化，作为社会文化的一种，其与我国其他文化相互影响共同发展。我国哲学研究学者普遍认为，中国哲学是独立发展的主要哲学类型之一，强调直观、内省和宏观调控。中国传统哲学价值观、哲学思想对我国体育文化具有广泛、深入的影响。

我国民族传统体育文化中，汉民族的传统文化更为系统化，受我国主流传统文化影响较大，因此，这里重点以汉民族的传统体育为例，对民族传统体育的哲学系统进行说明阐析。

汉民族传统体育受我国中原地区普遍的传统哲学文化影响较深，古人对自然的朴素的哲学认知，探究人的发展与自然发展之间的关系，形成的朴素的哲学观、世界观都对民族传统体育产生了重要影响。在汉民族传统体育文化中，武术文化是一个典型代表，武术文化中蕴含了丰富的哲学思想内容，武术文化与中国古代哲学思想高度融合，武术的诸多内容与形式都与生命哲学息息相关。在我国哲学体系和思想影响下，我国武术表现出深刻的哲学思维方式，如一元论、天人合一、阴阳、五行、形神兼备、内外兼修等。

我国民族传统体育的哲学内涵与西方竞技体育思想形成了鲜明的对比，我国民族传统体育是具有代表性的东方体育文化，具有保守性，体现出"中庸""顺其自然"，而西方竞技体育追求"竞争""超越"，我国民族传统体育注重对运动价值的探讨，是从东方人体文化学的观点看人体运动的，体现出东方文化智慧。

（四）认同性

民族传统体育作为一种文化现象，蕴含了丰富的民族精神、民族思想，在各民族内部，共同的民族文化是民族的文化象征，是民族血液中流淌的民族精神的表现，世代传承发展。如在长期的民族体育活动中形成的蒙古族的搏克、维吾尔族的且里西、藏族的摔跤，因为民族起源有所区别，所以表现形式存在着很大的差异性，因此具备了象征各民族的符号作用。在共同的民族文化中，民族成员之间是亲近的、彼此理解与认同的。

就整个中华民族来看，各民族传统体育内容丰富、形式多样，但其受中国传统文化的影响，各民族传统体育文化之间具有文化共性，体育作为构建文化的一个重要环节，对于民族文化认同具有符号意义，同时还拥有民族文化形象意义。在中华民族文化长期影响下，逐步产生的同时具备技击意识与健身观赏功能，和其他民族存在很大差异的体育项目之一，中华武术渗透着明显的东方哲理内涵，是与世界上其他民族文化，如阿拉伯民族、日耳曼民族、波斯族等具有完全不同的民族文化内容、风格、特点。①

正是民族传统体育文化中共同的民族性格、风格、特点，才使得中华民族作为一个大家庭能紧紧凝聚在一起。

（五）观赏性

观赏性是体育的基本属性之一，体育美是多方面的，如造型美、运动美、精神美等。

我国民族传统体育文化中的许多体育运动项目竞赛、体育文化表演都具有较高的观赏性。民族传统体育比赛中，民族传统体育所展现的公平公正的比赛气氛以及运动美的审美意境本身就是一幅丰富多彩的文化景观，再加上不同运动者通过自身努力，将精湛的技术、拼搏进取的精神充分地体现出来，可以引发观众对民族传统体育文化、体育精神、民族精神、运动员拼搏精神的共鸣与思考。

我国许多少数民族的传统体育文化更是与当地的民俗、节庆有机结合在一起，每每举办大型的民族传统体育文化活动，都会吸引当地以及外地的人前来观摩。

（六）娱乐性

我国丰富多彩的民族传统体育文化活动都是各族人民群众喜闻乐见的文化活动内容与形式，在轻松愉悦的环境氛围中愉悦身心，具有较强的娱乐属性。

---

① 石丽华，吕涛．我国民族传统体育文化传承与发展研究［M］．太原：山西经济出版社，2020．

自娱自乐的活动方式、自由自在的活动方式、游戏的活动方式，是我国民族传统体育文化的主要活动方式与特点，这些活动方式能吸引人们，满足人们的身心需求和情感需求。民族传统体育的娱乐性主要通过身体技能性、谋略性、机遇性表现出来。

首先，各种民族传统体育活动有一定的技术要求，在民族传统体育技能学练、展示过程中会有各种快乐、有趣的现象发生，具有显著的自娱性与娱他性。

其次，各种民族传统体育活动对运动参与者的谋略与心智水平有不同程度的要求，能够使人们的体能、情感得到充分抒发与宣泄，最终达到释放身体能量和心理压力的目的，可实现放松身心、愉悦身心的效果。

最后，各种民族传统体育活动的开展，通常会形成民族集聚的盛会，很多少数民族通常都会欢聚一堂，参加各种娱乐活动，为人们提供了释放自我、表现自我的机会与平台。

（七）多元性

民族传统体育文化具有多元性，具体表现在它尊重不同地区、民族的不同文化。民族传统体育文化的多元性是民族传统体育的重要特性。

我国民族传统体育文化表现出与世界其他民族传统体育文化不同的特点，在我国各民族之间，彼此的民族传统体育文化内容、风格、特点也各不相同，构成了我国丰富多彩的民族传统体育文化体系。

（八）互动性

我国民族传统体育既是相互独立的个体，同时又共同构成了中华民族传统体育这一体系。在中华民族传统体育文化体系中，各民族体育文化元素相互碰撞、交流、互动。

民族传统体育的互动性特征主要表现在以下两个方面：

第一，民族传统体育主体之间的互动。主体在参与民族传统体育活动时会在许多方面有所互动，如在集体性竞技运动中同队队友之间在场上、场下的交流与互动；运动者与观众的互动；观众之间的互动等。

第二，民族传统体育内容之间的互动。在一些民族传统体育活动中，活动内容之间的互动使它们在形态上相似而使迁移有了某种互动的可能，可以说是活动的主体在其互动过程中对活动内容认识后的结果。不同的运动形态有其项群特征，表现出一定的相似性，如不同狩猎民族之间的马术、射箭；蒙古族摔跤与藏族摔跤；汉族武术、拳术与少数民族的武术、拳术。这种互动缘于不同民族传统体育项目技术和形式的互通性。

第二节　民族传统体育的文化内涵

一个国家的民族文化是其立身之本，在国际化迅速发展的今天，在学习西方文明的同时，传承和弘扬本民族的文化是大势所趋。"中国民族传统体育是以汉族文化为主体，融合多种民族文化形成的一种文化形态，是各民族传统的养生、健身、娱乐体育的总称。"[①]中华民族传统体育是我国独有的体育项目，历史久远，是中华民族几千年文化的沉淀，是我们与世界体育文化对话和交流的优势所在，也是我们的民族之根。因此，深入探索本民族传统体育的文化内涵，并用当代人们易于接受的理论思想对其进行阐释，是目前需要研究的课题。

一、我国民族传统体育文化内涵

（一）浓郁的民族信仰情结

许多民族传统体育项目起源于本地域或本民族的信仰，通常在特定的节日举行盛大的庆祝活动，民族传统体育项目则是活动的主角。

1. 图腾崇拜

图腾崇拜是人类较为原始的崇拜形式，在世界许多国家和地区都存在。

---
①曾于久，刘星亮.民族传统体育概论［M］.北京：人民体育出版社，2000.

中华民族是以农耕生产为主，天气对农业是最重要的，因此能普降甘霖的龙被想象创造出来。在我国汉族生活的农耕地区，最主要的莫过于端午节，赛龙舟是其必不可少的项目。龙舟竞渡活动早在唐宋时期就有相关记载。如唐代张建封的《竞渡歌》说："须臾戏罢各东西，竞脱纹身清书上。"[①]还有西南一些少数民族的火把节源于远古时期对火的崇拜，在火把节期间人们载歌载舞，同时还要进行斗牛、摔跤、跑马等比赛。

2. 民族宗教

少数民族有自己的传统节日，而传统体育则是宗教节日庆典的主要表现形式之一。如新疆哈萨克族传统体育项目刁羊、赛马等。据《新疆图志·礼俗志》记载："开斋过年，谓之小年，……依麻木率众西向诵经祷祝，礼毕相庆，三日之内唱歌跳舞，相与刁羊之戏。"[②]此外，信仰佛教的民族在节日也会举行大型的体育活动，如藏族的望果节、蒙古族的那达慕等，既是佛教节日，也是体育的盛会。宗教在这些民族传统体育的形成和发展中发挥了至关重要的作用。

（二）理想人格的价值追求

中国民族传统体育的典型代表——武术，在其形成和发展过程中受中国传统文化的影响至深。武术深受道家思想的影响，太极拳注重体悟，在练拳过程中不但要提高技术，更要体悟太极拳所蕴含的人生哲理。练习太极拳也是在阴阳哲学思想的指导下，在随屈就伸、以柔克刚技击理念的引领下，在刚柔、虚实、动静、疾徐等矛盾运动中领略中国传统哲学的魅力，同时也可以提高个人的修养。武术也深受儒家思想的影响，练武不仅是为了强身健体、防身自卫，而且更注重武术的教育功能，这一点在武德中得到集中体现。崇尚武德是武术界的优良传统，"未曾学艺先学礼，未曾习武先习

[①]李国华. 中华古典体育文献集萃 [M]. 西安：三秦出版社，2008.
[②]伊犁哈萨克自治州政协文史资料委员会. 伊犁文史资料（第23辑）[M]. 乌鲁木齐：新疆人民出版社，2007.

德"。①武德以"仁"为核心思想，重视伦理道德，在处理社会关系上要谦恭礼让，相互关爱，保持和谐的人际关系，如以和为贵、重义轻利。要求在练习武术的过程中培养品德，提高人的精神修为，达到德艺双馨的理想境界。

《庄子》中说："儒家游方之内，道家游方之外。"②"方"，即指社会。道家强调人的内部的、自然发展的东西，体现了人本主义价值取向；儒家强调人的社会责任，体现了群体本位的价值取向。武术不重对抗，重在强身健体，提高个人修为，体现了人本主义价值取向；武术又注重教化，培养品德，追求人与人、人与社会的和谐，体现了群体本位价值取向。

（三）天人合一的生命价值追求

我国古人非常重视生命的延续，认为通过合理的体育运动可以延缓人体衰老，达到延年益寿的效果，悠久的民族传统体育项目导引正是其代表。

庄子在《庄子·刻意篇》中说："吹呴呼吸，吐故纳新，熊经鸟（申）伸，为寿而已矣。"③"吐故纳新"，讲的是通过呼吸调整人体的运行，讲的是"导"；"熊经鸟伸"讲的是运用仿生的运动促进人体健康，达到延长寿命，讲的是"引"。由华佗创立的五禽戏也是养生的典型代表，虎、鹿、熊、猿、鸟五戏分别与五行、人体5个器官（肾、肝、脾、心、肺）相对应。受中国传统哲学、传统美学思想的影响，绝大多数中国传统体育存在形神兼备的演练准则。要求在思想的指导下，"以心会意，以意调气、以气促形、以形合神"④，强调"意、气、体"三者合一。中国传统养生保健体育以及一些传统武术拳种对练习时间、方位、天气、季节、环境等都有严格的要求，这凸显了人的身心一体，以及人与自然和谐统一的生命价值追求。

（四）形神统一的审美情趣

形神统一在传统武术中体现得非常明显。形，是指武术运动中人的整体

---

① 刘海钦,刘少鹏,李光.中华武术素养读本[M].北京：科学出版社,2011.
② 冯友兰.冯友兰文集：第6卷[M].长春：长春出版社,2008.
③ 庄周.庄子[M].北京：中国华侨出版社,2013.
④ 苗鹏,李刚石.体育文化与审美概论[M].哈尔滨：黑龙江人民出版社,2005.

外部形象或形态；神，是指人的精神、心志、意向等内在活动的流露。形美是初级的、外在的，而神美是高级的、深奥的。武术讲究形神共练，但又更侧重神美，形是神的前提和基础，神是形的升华和灵魂。"形美感目，意美感心"[1]是对审美观精炼的总结。武术对形美的要求有五体匀称，形健质善，一身备五弓等。神美是一种境界美，是在形美的基础上对内在性的超越，表现出"虚"和"静"的审美特征。[2]太极拳十三势歌中就有"静中触动动犹静，因敌变化示神奇"的口诀。武术内外合一的特点，要求通过外在形体动作、表情、眼神将内在的精神、气质、神韵等表达出来，充分体现了形神统一的审美情趣。

（五）重教化娱乐轻竞争的思维价值取向

中国民族传统体育深受儒家思想影响，在和合思想、和而不同等"和"的观念下追求和谐。在这种思维方式的影响下，排斥竞争、对抗性的项目，主要体现在以下3个方面。

1. 民族传统体育是教育和技能传承的主要手段

在我国，民族传统体育从产生到发展，始终与教育有着密切的联系。在没有文字和书本之前，教育主要通过口传身授等手段来完成。人们将生产劳动、狩猎、战斗技能等通过身体活动传授给下一代，如岩画中的狩猎图、武舞图等，这也是体育的萌芽，是原始教育的主体。即使后来教育内容不断增加、教育手段更加多样化，但民族传统体育作为教育的内容和手段仍然具有重要价值。当代中国少数民族的民间体育项目，如蒙古族的骑术和摔跤、景颇族的景颇刀阵、裕固族的射箭，既是竞技比赛的体育项目，又是通过体育来传授生存和生活的技能。

---

[1]李青.中国艺术与意象美学[M].西安：三秦出版社，2008.
[2]林志刚.关于武术与西方体育审美方式特征比较的研究[D].济南：山东师范大学，2002.

2. 重视体育活动的娱乐、观赏价值

我国民族传统体育受中国传统文化的影响，已经形成了自己的民族文化个性，娱乐性、观赏性是其主要的个性特征。如《吕氏春秋·古乐》中记载："昔葛天氏之乐，三个操牛尾投足以歌八阕。"[1]

再如武术套路，虽然套路内容为攻防技击动作，但套路的表现形式是以表演为主，娱乐观赏是其主要价值功用。目前，在许多少数民族地区，民族传统体育仍然是休闲活动的主要方式。如"赶秋"是湘西苗族人民的社交活动，也是一种娱乐活动，节日当天人们欢聚在一起，打秋千、吹芦笙、跳芦笙舞等，尽情欢唱。此外，民族传统体育文化中的太极拳、放风筝等已获得世界人民的普遍喜爱，成为世界人民工作之余的重要休闲娱乐活动。

3. 淡化体育活动的竞争性

中国传统的观念中，最重视的是个人的自我德性修养。受此影响，中国的传统体育也非常重视在体育活动中培养品德，修炼情操，无形之中淡化其竞争性。早在西周时期，孔子"六艺"中的射，其实它的重心不是进行射箭比赛，而在于射礼。它是进行礼教的手段之书，"要求每个射箭的人，一切动作都有合乎周礼的要求"。[2]从中可以看出，射礼重视礼的教育，同时也削弱了射箭活动本身所具有的健身意义和竞争性。后来源于唐代的"捶丸"，随着历史的发展，其竞争性逐渐削弱。传统的太极拳推手，轻力尚巧，舍己从人，点到为止，注重心理胜负，人格完善。

---

[1]周永年.文白对照全译诸子百家集成·吕氏春秋[M].长春：时代文艺出版社，2002.
[2]杨宽.西周史[M].上海：上海人民出版社，1999.

二、影响中国民族传统体育文化的因素

(一) 自然地理环境是其源头

自然地理环境是一个民族存在和发展最基本的物质基础，同时也是各民族体育的最初源泉。如北方广阔草原地区的赛马，南方水网交织地区的划龙舟，多山地区的爬山等。各地的人们主要从自己的生活中发现运动项目和器材，在以后的活动中逐步改进，慢慢地演变成某一地域或民族的独特的体育活动。人们常说的"北人善骑，南人善舟"，其实是自然地理环境影响体育项目的产生和存在的直观反映。北方戈壁草原地区的蒙古、哈萨克等民族，因其生活地区适合养马，所以孕育出了赛马、马上角力、骑马射箭等许多骑术项目。地处长江中下游的吴越地区因其水网纵横，适合发展在船上表演的船拳。这些传统体育项目均源自其所处的自然地理环境。

(二) 生产方式促分化

在信息闭塞、交通不发达的年代，人们的交流受地域的影响很大，某一区域的生产方式相对比较固定，且往往一成不变。各地区的生产方式不同，直接导致了各民族体育项目之间的差异。例如，以畜牧业为主的新疆维吾尔族、蒙古族等民族，放牧是他们主要的生产方式，马是主要的交通工具，由此产生了与马有关的体育项目，如刁羊、赛马、飞马拾银等。骆驼是西北少数民族出行和载货的主要工具，由此产生了赛骆驼等项目。这些体育项目均是随着生产方式的分化，经过长时间的演变，一代代传承而沿袭至今的。

(三) 文化心理是其根基

基于各地域自然环境下的相对稳定的生产方式，在长时间的发展过程中又得到不断强化，逐渐形成了各地域人民相对稳定的文化心理结构。武术谚语中常说的"南拳北腿，东枪西棍"，是文化心理差异在民族传统体育地域

分布和风格特点方面的表现。具体体现在民族传统体育中，如武术的北方拳种多大开大合、放长击远、舒展大方，而南方拳种则大多动作小巧、手法灵活多变，这在一定程度上反映了文化心理差异对民族传统体育造成的影响。

中国民族传统体育蕴含浓郁的图腾、民族信仰等情结，反映了中华民族内圣外王的理想人格价值和天人合一的生命价值追求，充分体现了形神统一的审美情趣和重教化娱乐、轻竞争的思维价值取向。中国民族传统体育是中华民族多样的自然地理环境以及由此产生的不同生产方式、文化心理等共同作用的结果。

第三节　民族传统体育与其他文化现象的关系

一、民族传统体育与传统节日文化

（一）民族传统体育与传统节日文化的相互关系

民族传统体育的发展不是孤立的，在其发展的过程中与其他事物也发生着密切的联系，比如民族传统节日与民族传统体育之间就在各个历史时期不断融合与发展，从而实现了各民族传统体育文化的繁荣与发展。民族传统体育与传统节日文化之间的关系主要体现在以下两个方面。

1. 民族传统节日为民族传统体育提供了广阔的发展平台

在我国社会经济水平日益提高的背景下，人们有了更多可支配的经济收入和余暇时间来参与自己喜欢的活动，其中体育这种易于被大众接受的形式受到青睐，在生活中，我们时时处处可见人们参与体育锻炼的身影。在物质生活水平不断提高的背景下，人们的消费观念也在日益更新，为了消除现代科技给人们带来的"现代文明病"，人们迫切需求一种运动量不大、能愉悦身心的运动方式，而民族传统节日中的很多活动都有这样的功效，这些节日文化内涵非常丰富，受到人们的青睐，这极大地促进了民族传统体育内容的丰富和完善。[①]

我国少数民族众多，各个民族都有自身特色的传统节日，在节日举办期间，人们会参加各种各样的民族体育活动，在这样的情况下，各族人民的文化生活更加丰富多彩，民族地区的经济水平及人们的生活水平都得到了极大的改善。可以说，民族传统体育全方位满足了民族传统节日对传统体育的内在需要。由此可见，颇具民族特色的传统节日为民族传统体育的发展提供了广阔的平台，在这一平台之上，民族传统体育得以不断向前发展。

2．民族传统体育极大地丰富了民族传统节日内容

我国是一个多民族国家，每一个民族都有着悠久的历史，经过各个时期的发展，逐步形成了特色的民族体育文化，这极大地丰富了我国的民族文化体系。这些丰富多彩的民族传统体育内容在各少数民族的传统节日中扮演着十分重要的角色，深受各族人民的欢迎和喜爱。

（二）民族传统体育与传统节日文化的互动发展

1．以科学理论为指导，以实现人的可持续发展为目的

我国少数民族都有着悠久的历史，在其发展过程中创造出了独具特色的民族传统体育文化，这些民族传统体育项目与传统节日之间有着极为密切的关系，深入研究它们之间的关系，促进二者关系的完善对于我国民族传统体育的进一步发展，以及各个民族社会的稳定与和谐都具有重要的意义。在当今社会经济体制下，我们要始终坚持科学理论的指导，对民族传统体育与传统节日的融合进行很好地把握，树立科学发展观，促进二者更好地互动与发展。

民族传统体育与传统节日的互动发展要以实现人的可持续发展为目标，在其发展的过程中，能有效地促进民族团结，实现民族文化大繁荣。在传统节日期间，各民族人民尽情地投入丰富多彩的民族传统体育活动之中，促进

[①] 石丽华，吕涛. 我国民族传统体育文化传承与发展研究［M］. 太原：山西经济出版社，2020.

了身心的发展，增强了各民族人民彼此之间的关系。在这样的情况下，各族人民的人文素质也会相应地得到发展和提高。因此，在今后发展的过程中一定要加强民族传统体育与传统节日的良好互动，实现共同发展。

2. 构建完善的民族传统体育产业组织结构

民族传统节日与民族传统体育的发展不是盲目的，政府在其中扮演着十分重要的角色，其发展离不开政府的政策保障，因此，我国政府部门要根据具体的实际情况制定一些有利于各族人民传统体育发展的优惠政策，加大体育经费投入力度，为民族传统节日的举办提供良好的支持。各地政府部门还要大力支持民族体育事业的发展，为其发展创造一个优良的环境。同时还要做好各方面的宣传，吸引大量的人民群众以饱满的热情投入民族传统体育活动之中。除此之外，相关部门还要定期地检查活动举办场地的安全性，为民族活动的举办提供良好的安全保障。

为保证民族传统体育活动的顺利开展，政府相关部门还要构建一个科学的管理体制，进一步推动民族传统体育的发展。实际上，民族传统节日活动中开展哪些体育活动要根据具体的实际进行，不能盲目选择，政府部门要做好充分的调查与准备，同时还可以结合具体的实际改造与创新一些民族传统体育项目，以使其更加符合现代社会人们的行为习惯，凸显民族传统体育的当代社会价值与功能，从而获得持续性的发展。[1]

为促进民族传统体育与节日文化的融合发展，需要常态化地举办民族传统体育表演和竞赛活动，通过这些活动的举办，能吸引各地区人们的目光，提高本地区民族传统体育的影响力。

另外，还要构建一个健全和完善的民族传统体育管理机构并加强其管理，还要大力发展民族传统体育产业经济，实现民族传统体育产业资源的合理配置，创造尽可能多的市场价值，这不仅能促进民族经济的繁荣与发展，还能推动各民族地区传统体育的快速发展。

---

[1] 石丽华，吕涛. 我国民族传统体育文化传承与发展研究［M］. 太原：山西经济出版社，2020.

3. 培养民族传统体育管理专业人才

民族传统体育的发展离不开人才的推动，因此加强民族传统体育人才的培养是非常重要的。目前，我国绝大多数地区的民族传统体育都十分缺乏体育管理方面的人才。在今后民族传统体育发展的过程中，我们应充分挖掘与彰显民族传统体育的文化特色，就需要在今后不断开发一些具有较强的对抗性、惊险性和观赏性的民族传统体育运动，这能从感官上吸引人们积极参与，从而提升民族传统体育的影响力。为促进民族传统体育人才的培养，可以从少数民族中选拔优秀的人才，然后对其进行必要的培训，提高其技能水平、组织管理水平，如此才能更好地推动民族传统体育的发展。

我国是一个多民族国家，各个民族在其发展的过程中，民族传统体育运动与节日活动之间的联系越来越密切，加强二者之间的互动发展是大势所趋，这对于我国各少数民族传统体育的发展及社会的和谐都具有深远的影响和意义。

二、民族传统体育与全民健身文化

伴随着时代的不断发展，全民健身的理念日益深入人心。全民健身运动开展得轰轰烈烈，这就为我国民族传统体育的发展创造了良好的契机。在当今社会背景下，民族传统体育与全民健身之间有着密切的联系，其联系如下所述。

（一）民族传统体育与全民健身文化的相互关系

1. 全民健身对民族传统体育的推动作用

（1）培育新型体育运动项目

民族传统体育的发展不是盲目的，需要遵循一定的规律，同时还要在发展的过程中不断推陈出新，才能适应新社会，受到人们的欢迎和喜爱。在今后我们还采取各种手段与措施不断丰富民族传统体育的文化内涵，彰显各地区民族特色的体育文化。在"健康中国"建设的今天，在全民健身运动不断发展的今天，要不断革新民族传统体育，培育出适合大众健身的新型的体育运动项目，这无论是对于民族传统体育的发展还是我国社会的和谐都具有重要的意义。因此，培育新型的体育运动项目就成为今后一个重要的研究课题。

（2）在课堂中引入更多的民族传统体育项目

在当前我国学校体育教育中，主要以西方竞技体育项目为主，民族传统体育课程相对而言较少，参与民族传统体育活动的学生也不是很多，仅占据很小的比例，这非常不利于我国民族传统体育文化的传播与发展。不过在全民健身运动广泛开展的背景下，越来越多的青少年学生开始关注民族传统体育运动并参与其中，民族传统体育课程内容也越来越丰富，这是一个好的发展方向。

（3）促进学术研究

发展到现在，我国民族传统体育的研究取得了一些成果，这与近些年来我国比较重视这方面的发展与研究是分不开的。在全民健身发展的今天，大量的体育活动被人们选择和参与，人们在参加体育锻炼的过程中，逐渐认识到民族传统体育的健身功能与价值，从中得到了益处。为推进我国民族传统体育的发展，民族传统体育学者及相关人员还要在今后加强其学科的研究，构建一个民族传统体育科学发展的理论与实践体系，这对于我国民族传统体育的发展能提供良好的理论保障。

2. 民族传统体育在全民健身中的重要作用

（1）适应不同地域特点的需求

我国各个民族的体育文化都非常丰富多彩，历经多个时期的发展，已建立和形成了相对完善的文化体系，各个民族的传统体育项目不仅受到当地人们的欢迎，通过民族间的交流与融合，各民族的体育文化不断发生碰撞，在其他地区也得到了很好的传播与发展，深受其他地区人们的欢迎和喜爱，这就为全民健身背景下，人们参加体育活动锻炼提供了多种选择。但需要注意的是，受各种客观因素的影响，各民族的传统体育活动都有自身固定发展的模式，要根据自身实际制定发展的战略，以促进其可持续发展。[①]

①东北地区的民族传统体育：东北地区的地理位置比较特殊，气候寒冷，有众多的天然的冰雪资源，因此冰雪运动在本地深受欢迎，可以举办大量的滑冰、滑雪等项目。

②西北地区的民族传统体育：西北地区属于草原地区，在这一区域内的少数民族，长期的游牧生活使他们养成了骑马、射箭的习惯，骑马和射箭也成为西北地区特色的民族传统体育活动，深受人们的欢迎和喜爱。

③西南地区的民族传统体育：西南地区高山横亘，森林资源丰富，这就为攀登、狩猎及相关健身活动的开展提供了良好的条件，这一地区的人们狩猎技术一般都非常高超，练就了一身本领。

④中东南地区的民族传统体育：中东南地区的江河众多，有着丰富的水资源，相关的水上运动项目众多并深受这一地区人们的欢迎。对于中东南地区的平原地区的人们而言，受地理位置的影响，这一地区的传统体育健身项目非常之多，能极大地满足人们的健身需求，这大大丰富了人们的生活，满足了人们的需求。

（2）适应不同风俗习惯的需求

大量的研究与事实表明，不同民族的人民参加体育活动主要受本民族风俗习惯的影响。这一影响可谓极为深远。

我国各少数民族都有自己特色的体育文化，在当今社会背景下，在全民健身的形势下，我们可以加强这些民族传统体育项目的宣传与推广，打造出独具民族风格的传统体育品牌，让这些民族体育文化散播到世界各地，提升民族体育文化的影响力。

---

①谢明川. 民族传统体育文化的继承保护与创新发展研究［M］. 北京：中国纺织出版社，2020.

（3）适应不同经济条件的需求

民族传统体育的发展离不开一定的经济基础，缺少了必要的经济基础，民族传统体育的发展就难以得到保证。另外，人们参加民族传统体育锻炼也同样需要一定的经济基础，如需要一定的资金购买器材、参加俱乐部活动等。由此可见经济条件对民族传统体育的影响。

我国历来就存在区域经济发展不平衡的现象。一般情况下，经济发达的地区，民族传统体育开展得相对较好，而经济落后地区民族传统体育的发展则相对落后，为解决这一问题，国家政府部门制定了相关的方针和策略。

第一，在经济发展水平较高的地区，重点开展层次高、规格高的传统体育活动，建立良好的民族传统体育品牌，推动民族传统体育的不断发展。

第二，在经济落后地区，当地政府部门要引起重视，加大经费投入，重点开展对经济投入要求较少，便于开展的民族传统体育活动，通过这些活动的开展提升人民体质，丰富人民群众的精神文化生活。

（4）适应不同年龄层次的需求

全民健身运动中的全民包括各个年龄层次的人民群众，不同年龄群体都能找到适合自己的民族传统体育项目，通过参加这些民族传统体育活动，人们的身心能获得健康的发展。

①儿童：适合儿童参与的民族传统体育活动主要有两大类，一类是简单常见的、娱乐性和游戏性突出的个体活动；另一类是规则简单、技术难度较低的集体性体育活动。

②青少年：适合青少年参加的民族传统体育活动有很多，其中那些对抗性较强的运动项目受到青少年的欢迎，如散手、摔跤等，这些项目能很好地锻炼青少年的意志品质，促进其团队意识与能力的提高。

③中年：中年人参加的体育项目一般运动量适中，运动强度不大，没有严格的规则限制，以休闲与娱乐为主。

④老年：适合老年人参加的运动项目一般为静态性项目，与中年人的体育项目大体相同，如门球等都非常适合。

（二）民族传统体育与全民健身的互动发展

1. 民族传统体育与全民健身相互补充，共同发展

近些年来，我国全民健身运动的开展为民族传统体育的发展创造了良好的契机。在全民健身背景下开展民族传统体育，更能体现出民族传统体育自我发展的优势，能进一步发挥民族传统体育的健身功能、娱乐功能、凝聚功能等，这些与竞技体育相比有着明显的优势，正因如此，民族传统体育才成为重要的大众健身内容，深受人们的欢迎。[①]

民族传统体育具有广泛的适应性特点，正因如此才吸引了不同群体的参与，为全民健身活动的开展创造了浓厚的群众基础。民族传统体育内容丰富，项目类型多样，极大地丰富了全民健身活动内容，丰富了全民健身内容体系，对于我国全民健身活动的开展具有重要的意义。

我国有着悠久的历史，是一个多民族国家，有着异常丰富的民族传统体育项目，这些体育项目能够适应我国不同地域、风俗习惯、年龄、职业及经济条件的群体的需求，因此深受广大人民群众的欢迎和喜爱。

2. 在全民健身中开展民族传统体育运动的优势

受场地、器材、经费等方面因素的影响，我国民族传统体育的发展受到一定程度的限制，今后，加大民族传统体育经费的投入力度是我国各地政府部门需要解决的一件事情。这些民族传统体育项目需要大量经费的投入，为解决这一问题，可以在当地开展一些投资少、对场地器材等硬件条件要求较低的活动。而很多的民族传统体育在这方面具有一定的优势，很多的运动项目受到有健身需求但基础条件差的人们的青睐，成为人们健身娱乐的重要手段。

---

① 王佳.民族传统体育文化理论与创新研究[M].哈尔滨：哈尔滨地图出版社，2018.

第四章 民族传统体育的传承与发展

第一节 民族传统体育的传承体系

一、传承人

传承人指文化继承者,民族传统体育文化的传承人指的是对民族传统体育直接参与传承,使之可以不断沿袭的个人或群体。

概括来讲,传承人是对民族传统体育进行保护的重点对象,民族传统体育的不断繁荣与发展离不开传承人的努力。

在民族传统体育文化传承过程中,传承人的作用主要表现如下:

①传承人担负着民族传统体育文化"接力棒"的职责,并发挥"接力棒"的作用。

②传承人承载着民族传统体育文化世代间的传承与存续的重任,并在当代对民族传统体育文化进行发扬与创新。

二、传承方式

以下对于现代社会的民族传统体育传承常见方式作出详细阐析。

（一）口传心授

口传心授是文化传承的一个重要方式，文化的口传心授传承有如下条件：

①在文字出现之前和文化理论形成之前，人类文化的传承主要是依靠口传心授来实现的。

②为了文化的保密，也通常会采取口传心授的方式进行传承。

③无形的、难以语言描述的文化，只能通过人与人之间的交流进行传授和传承。

口传心授传承文化，具体形式如下：

①口传：通过语言传授文化知识、技艺内容，使传承者掌握文化内容。

②心授：心授法重视对传承人对文化的"悟"的培养，要求文化传承人对文化内涵心领神会。

（二）言传身教

言传身教，分别包括"言传"和"身教"两种具体传承方式。"言传"传授的是文化的表象内容，"身教"传授的是文化的精神内涵。

所谓"言传"，就是通过语言来传授文化内涵、内容、形式、形态，使传承者掌握具体的文化内容体系。

所谓"身教"，就是通过传授者的行为举止来影响文化传承者的思想和行为，以此来实现对传承者的思想、道德层面的文化传承。

（三）教育传承

民族传统体育文化可以通过教育的方式来进行传承，主要有以下三种方式：

①家庭教育传承：通过家庭成员之间，主要是上一辈对下一辈的文化传承。

②学校教育传承：通过集体接受教育的方式传承文化。

③社会教育传承：通过社会宣传、社会教育站点传承文化。

三、传承环境

（一）传承基地

文化传承基地指文化的传承场所。家庭、武馆、学校等都是文化的传承场所。

我国古代，文化传承主要是在家庭范围内进行，如陈式太极拳，由陈王廷创始，在陈氏家族世袭传承，但也有各地的人闻名来拜师学艺，因此这里的家庭传承是一种广泛意义上的家庭关系，包括父子、师徒，不仅限于血缘关系。

近现代以来，文化传承的主要基地是学校，即文化主要是通过教育的形式传承，利用传承单位为核心，可适当外延，如某学校的武术系是传承单位，可以申报此学校为传承基地。

（二）文化空间

文化空间，又称文化场所，是指人类口头和非物质遗产代表作的形态和样式，每一种文化都有自己的文化空间，如果失去了文化空间，则文化就失去了生存的条件。

例如，对于武术文化来说，少林寺就是一个别具特色的文化空间，保护少林寺这一文化空间，对于武术文化的保留、传承是非常重要的。

第二节 民族传统体育传承的现状与困境

一、民族传统体育的传承现状

我国民族传统体育传承内容多而丰富。我国历史悠久，民族众多，具有丰富的民族传统体育文化，可传承的民族体育文化内容多、种类多、形态多。

在我国丰富多彩的民族传统体育文化中，先人们将人生价值、审美情趣、行为准则、道德观念通过民族传统体育文化的丰富多样的内容表现、形式表现和具有广泛群众基础的文化亲和力传达给各族人民群众，再通过民族传统体育文化的传承，使当代和后代更多的人了解我国民族传统体育文化及其中所蕴含的民族精神、品格。[①]

在长期的历史发展中，我国民族传统体育文化在各民族的生产、生活、教育、社会活动中进行传承，这种传承多是自发地传承，传承条件有限，很多民族传统体育面临着失传的危险。

现代社会，世界多元文化相互影响，我国民族传统体育文化在世界体育文化中也受到了外来文化不小的冲击，我国民族传统体育文化的未来可持续发展前景值得深思。

二、民族传统体育面临的传承困境

（一）西方体育思想的影响

自近代以来，西方体育在竞赛、娱乐等方面所表现出来的公开、公平和公正等特征以及它特有的进步性和科学性，使得我们开始了对近代西方体育的学习、模仿与引进。在这个不断地学习和模仿的教育过程中，大部分人对民族传统体育的认识和体验逐渐变得陌生。我们学习西方国家的体育教育、场馆建设以及竞赛活动的策划与组织等方面经验的过程，也是西方竞技体育在中国加速传播的过程，同时也在某种程度上限制了民族传统体育的发展，使得原本有着深厚群众基础的民族传统体育，正面临着前所未有的挑战。就选取何种健身项目来说，追求时尚、娱乐和休闲成为当今人们健身项目的首选，外来体育文化已经充斥着我们的生活空间。民族传统体育在西方体育的挤压下，正承受着多方面的冲击，也正面临着流失的境地。

---

①王佳.民族传统体育文化理论与创新研究［M］.哈尔滨：哈尔滨地图出版社，2018.

（二）民族传统体育文化的传播和重视不足

民族传统体育是否围绕传承民族传统体育文化的指导思想进行的，这也是一个非常关键的问题。民族传统体育的博大与精深不仅仅是因为其内容项目丰富，更多的是因为它的丰富的文化内涵，离开了文化的民族传统体育就与西方体育项目没有根本性的区别。然而，我们发现很多民族传统体育项目的传播已经演变成了动作技术的传播，大家学习的基本是民族传统体育项目的身体运动，而将它的根基——民族传统体育文化丢在了一边了。这使那些既有文化底蕴又有健身价值的运动项目逐渐变得枯燥而单调。所以说，人们对中国民族传统体育文化缺乏深刻的理解，也是民族传统体育面临传承和发展的困境。

（三）传承人认定、数量、质量问题

1. 传承人认定

传承人在文化传承中承担着重要的责任。民族传统体育文化传承人在民族传统体育文化的传承过程中发挥着十分重要的作用，因此，要慎重地对民族传统体育文化传承人进行认定。

国际社会要求对非物质文化遗产传承人必须原汁原味传承非物质文化遗产。民族传统体育属于非物质文化遗产。可见，二者具有共性。文化"传承"需要人，即传承人是实现"民体非遗"可持续发展的核心。云南省第九届人大常委会公告（第43号《云南省民族民间传统文化保护条例》）将传承人认定为："通晓民族民间传统文化的代表人物、技艺精湛的各类艺人和传统文化宝贵资料的保存、收藏者。"国家对其定义是：直接参与非物质文化遗产传承，使非物质文化遗产能够沿袭的个人或群体，是非物质文化遗产最重要的活态载体。所以，"非遗"传承人是指具体非遗项目的系统掌握者，并对非遗的传承和发展具有一定影响的自然人或自然人群体。

中华人民共和国文化和旅游部令第3号公布《国家级非物质文化遗产代

表性传承人认定与管理办法》规定了国家级非物质文化遗产代表性传承人的认定条件，有如下几点：

①长期从事该项非物质文化遗产传承实践，熟练掌握其传承的国家级非物质文化遗产代表性项目知识和核心技艺；

②在特定领域内具有代表性，并在一定区域内具有较大影响；

③在该项非物质文化遗产的传承中具有重要作用，积极开展传承活动，培养后继人才；

④爱国敬业，遵纪守法，德艺双馨。

2．传承人数量减少

现代社会，许多年轻人都不愿意去继承和传承我国传统文化，而一部分热爱民族传统体育文化的年轻人不具备传承民族传统体育的资格和特征，民族传统体育文化的传承举步维艰。

传承人数量少与现代社会的生存压力大、缺乏文化传承人制度保障有关。

首先，现代社会，生存压力大，练习民族传统体育在短时间内很难收到经济回报，随着市场经济的逐步深入，部分民族传统体育爱好者也没有继续自己的爱好，把更多的精力放在了经济领域。

其次，长期生活在原民族世居地的民族传统体育文化传承人，他们出于对经济利益的追逐，投入到时代大潮中。这些无形中使得民族传统体育传承人出现了"断层"现象。

3．传承人质量不高

造成文化传承人质量不高的原因是多方面的。

第一，文化的学习与传承是一个需要投入很多时间与精力的过程，而且这一过程是漫长的，文化的学习与掌握不会在短时间内有明显效果。因此，有很多人在文化传承过程中无法坚持，最终放弃。

第二，一些民族传统体育文化的传承需要深入理解文化的具体内涵、精神，尤其对于一些只能口传心授的民族传统体育文化内容，其非常考验传承人的"悟性"，而这种"悟性"的形成不仅仅是付出艰辛的努力就能获得的，还需要一定的天赋，在本来数量就少的文化传承候选人中选出有天赋的传承人是十分困难的。

第三，当前我国重视民族传统体育文化的传承，并大力在学校体育教育中推广民族传统体育教育，希望通过系统化的体育教育培养出一批优秀的民族传统体育文化传承者。但同时必须充分认识到，受多方面因素的影响，学校的民族传统体育教育更多地发展演变成了只追求健身功能的运动，民族传统体育教育的文化传承功能被弱化，这样的教育很难培养出文化传承人。①

第三节 民族传统体育的产业化发展路径

民族传统体育的发展是一个过程，并且在一定的社会经济条件下逐步实现了其发展和壮大。经过多年的发展，我国众多的民族传统体育项目逐渐实现了与人们的现代需求的接轨，并走向了产业化之路。如今，我国体育产业已经成为我国民族传统体育产业的重要组成部分，并且对地区经济的快速发展起到了良好的促进作用。

一、民族传统体育产业及产业化概述

（一）民族传统体育产业的内涵

我国民族传统体育产业经过多年的发展，从原始的自给自足的发展模式，逐步发展成为完善的产业链条，实现了其体育产品和体育服务的大规模、标准化生产，在实现了其经济效益的同时，也促进了国民体质的增产。另外，民族传统体育产业的发展，还促进了我国人民的全面发展和社会精神文明的进步。民族传统体育产业的发展的规模在一定程度上反映了国家现代体育的水平。

---

①王佳.民族传统体育文化理论与创新研究［M］.哈尔滨：哈尔滨地图出版社，2018.

第四章 民族传统体育的传承与发展

民族传统体育产业即为生产和提供各种体育产品和体育服务的各行业的总和,它是我国国民经济的重要组成部分。民族传统体育产业有广义和狭义之分。广义的民族传统体育产业是指为全社会提供体育产品的企业、组织、部门和活动的集合,包括体育服务业和体育相关产业两大领域;而狭义的民族传统体育产业是指以体育劳务形式为消费者提供体育服务产品生产的企业、组织、部门和活动的集合。

民族传统体育产业的内容很多,总体而言,可以将其分为体育服务业和体育相关产业两大类。体育产业的内容涵盖如图1所示。体育服务业有体育健身、休闲、培训和咨询等服务;相关的民族传统体育产业则有体育用品制造、体育出版、体育彩票等内容。体育服务业是民族传统体育产业的主体,在一定程度上决定了民族传统体育产业的发展水平;体育相关产业是辅助产业,正因有辅助产业的存在和发展,才使得民族传统体育产业能够逐步发展和完善。

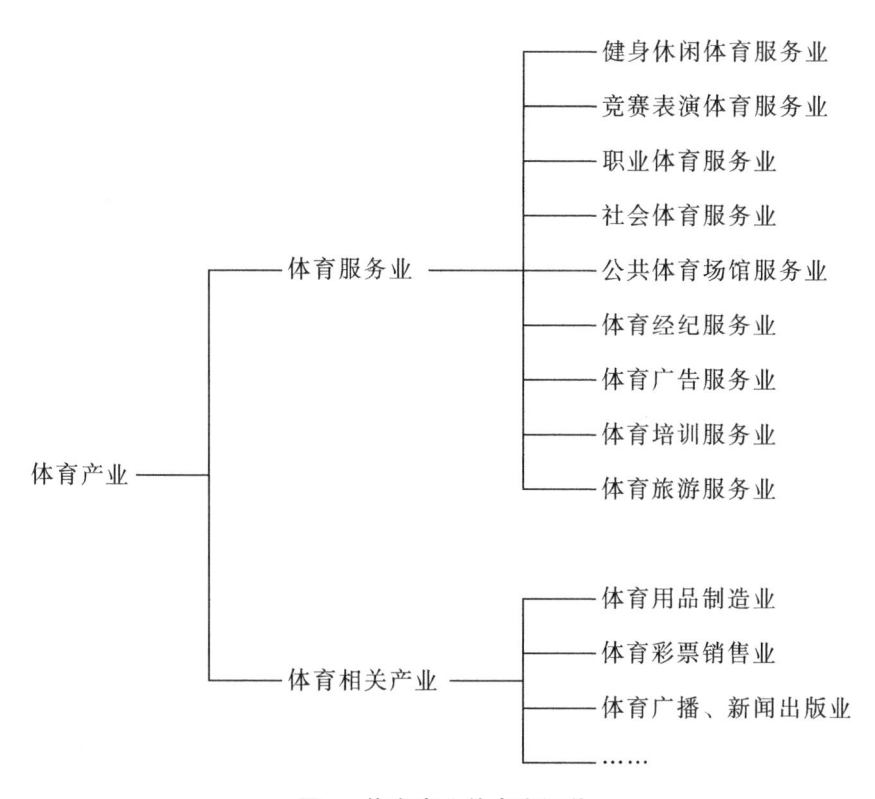

```
体育产业 ─┬─ 体育服务业 ─┬─ 健身休闲体育服务业
          │              ├─ 竞赛表演体育服务业
          │              ├─ 职业体育服务业
          │              ├─ 社会体育服务业
          │              ├─ 公共体育场馆服务业
          │              ├─ 体育经纪服务业
          │              ├─ 体育广告服务业
          │              ├─ 体育培训服务业
          │              └─ 体育旅游服务业
          │
          └─ 体育相关产业 ─┬─ 体育用品制造业
                          ├─ 体育彩票销售业
                          ├─ 体育广播、新闻出版业
                          └─ ……
```

图1　体育产业的内容涵盖

民族传统体育产业结构即为民族传统体育产业各部门之间的比例关系，它包括物资资源、技术、人员、资金等的数量分配。民族传统体育产业结构能够从整体上反映各部门之间的相互影响和相互作用的关系。

民族传统体育产业其主体部分属于第三产业，对于国民经济的促进作用意义非凡。我国民族传统体育产业处于起步发展阶段，民族传统体育产业发展水平有待于进一步提高和完善。发展我国民族传统体育产业，其中最为重要的一点就是要实现民族传统体育产业结构的优化升级，实现其内部资源的优化配置，协调各部门之间的关系，使其在国民经济中的作用不断得到提升。

民族传统体育产业结构发展变化的基本规律：民族传统体育产业领域不断得到拓展，内部结构实现优化升级，体育服务业所占比重呈逐渐上升的态势，体育相关行业所占比重则逐步下降。

（二）民族传统体育产业化简述

民族传统体育的产业化就是以产业化的运作方式来发展民族传统体育，优化民族传统体育产业各部门之间的资源配置，提高资源利用的效率和效益，从而促进民族传统体育的快速、健康发展。发展民族传统体育产业要做到经济效益、社会效益的协同发展，使得民族传统体育产业与经济社会的发展形成良性互动，共同提高。

（三）民族传统体育产业发展的模式

模式是对实践经验的总结，具有一定的理论性和稳定性的特点。究其实质而言，就是解决某一问题的方法论，具体表现为在解决某一问题时形成的标准形式和模型。在经济学上，通常所谓的经济模式，则是在一定地区和历史条件下形成的别具一格的经济发展道路，包括所有制形式、产业结构类型、分配方式和经济发展思路等各方面的内容。

所谓民族传统体育产业发展模式，就是某一地区的民族传统体育产业发展方式，它包括民族传统体育产业的发展路径和时序、民族传统体育产业资源的构成和利用、民族传统体育产业部门之间的协调和配合等方面的内容。民族传统体育产业模式是在长期实践的基础上逐步形成的，因而国外民族传统体育产业或是其他行业的成熟产业模式对于我国民族传统体育产业模式的发展和完善具有重要的借鉴意义。

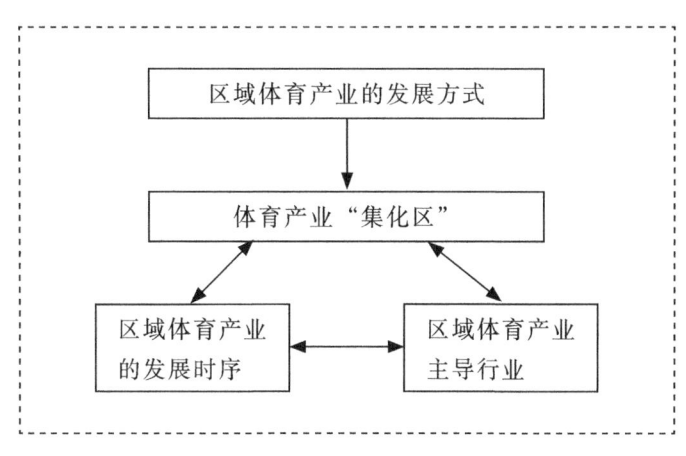

民族传统体育产业发展模式的内容可以概括为：发展方式的选择、"集化区"的选择、发展时序的选择及民族传统体育产业的区域主导行业的选择等几个方面，民族传统体育产业发展模式如图2所示。

图2 民族传统体育产业发展模式

（四）民族传统体育产业化的环境分析

民族传统体育是我国体育文化的重要组成部分，它承载着我国的民族传统文化。发展民族传统体育对于民族文化的增强和民族凝聚力的培养具有重要作用。随着近年来我国民族传统体育的发展壮大，民族传统体育在我国民族传统体育产业中的地位逐渐上升，并成为一个新兴的体育部门。

人们体育消费投入的增加需要满足三个方面的内容：首先，人们需要有实际的支付能力，能够进行相应的花费需求；其次，人们具有健康投资的消费观念，这样人们才会去进行相应的体育锻炼；最后，人们要有充足的时间，在工作和生活之外、有时间进行相应的体育活动。

随着人们生活水平的提高，人们的生活观念也发生了相应的转变，从而使得人们的日常行为方式也得到了相应的调整。如今，人们的基础消费占消费总支出的比例不断下降，而用于更高层次消费的资金比例不断上升。这一系列变化趋势促进了民族传统体育的产业化发展。

民族传统体育的产业化是市场经济发展的必然要求。如今，体育的职业化、商业化和市场化是大势所趋，只有顺应潮流，才能使得传统体育得到继承和发展。因此，近年来我国不断推进相应的体制改革，使民族传统体育与现代社会的发展相适应，并积极与国际接轨。走民族传统体育产业化的道路，已成为社会主义市场经济体制下民族传统体育发展的突破口，是民族传统体育发展的重要趋势。

二、开发民族传统体育资源的基本原则

（一）自然资源、人文资源相结合原则

民族传统体育形式多样，既包括各民族的传统体育项目，又包括我国的传统武术项目等形式。而民族传统体育项目之所以具有如此独特的魅力，除了深蕴其中的文化特色之外，还在于它美好的生态环境背景，两者的相互协调和融合使得民族传统体育表现出了其原生特色性，吸引着人们参与其中。在民族传统体育产业开发和发展过程中，应注重将民族文化资源和自然风光进行整合开发，凸显出其民族传统体育的独特性和不可替代性，如此才能使得民族传统体育资源发挥其独特优势，促进民族传统体育的产业化发展进程。

（二）观赏性与参与性相结合原则

在进行民族传统体育的开发过程中，我们也要关注体育项目的观赏性和参与性。观赏性就是将传统体育项目的魅力充分地展现出来，给人赏心悦目的感觉。而参与性，指的就是人们需要身处其中，才能够充分体会它的魅力。因此，在传统体育项目开发过程中，除了开发一些精彩的表演类项目，即满足观赏性的要求之外，还应向人们提供更多的参与性和体验性较强的体育运动项目，满足人们想要参与进去的愿望，进而使人们充分体会到运动的乐趣。目前，我国民族传统体育的参与面相对较窄，这是因为人们有其相应的喜好，而各民族也有其独特的文化风格，这就造成了民族传统体育进一步推广的困难。为了促进民族传统体育产业的发展，应对相应的体育项目进行

改造和推广，使其在全国范围内得到一定程度的传播。

（三）收益性与保护性相结合原则

强调民族传统体育资源开发的经济效益并不意味着以牺牲民族文化为代价，而是应在开发特色体育资源为当地创造经济效益的同时，保持好民族传统文化的特色优势，不断提高民族传统体育产业资源的文化要素，走内涵型、可持续发展的道路。另外，收益性与保护性相结合原则还要求在对相应的资源进行开发时，注重生态环境的保护，促进经济效益和生态效益的协调发展。

（四）多样性与统筹性相结合原则

民族传统体育项目丰富多彩，在进行相应的项目开发时，应注重发挥其资源的多样性优势，发展多种传统体育文化项目，并且在开发过程中要注重相应的产品和服务的差异化；在多样化发展的同时，应注重结合民族风俗特点、区域特征等方面，统筹民族地区的整体资源优势，从而更好地推进规模化战略效应。

总而言之，民族传统体育是我国体育事业的重要组成部分，具有其独特的发展优势，在其开发过程中，应注重资源的开发和保护，在此基础上进行积极的推广和传播；另外，还应注重其改革和创新，使其不断适应时代发展的需要，满足人们的各项需求；在民族传统体育产业化发展的过程中，应注重保持其内涵的文化因素，引导其向市场方向迈进。民族传统体育的资源开发并不能仅仅考虑相应的市场因素，还应注重与时代发展特征的契合，在发展过程中，应确立民族传统体育产业的发展思路、发展战略和发展模式，促进其科学化、可持续化发展。

三、民族传统体育产业发展的具体措施

（一）加强民族传统体育的基础设施建设

民族传统体育的发展依赖于一定的基础设施，这是其发展的重要物质保

证。而从现实情况来看，我国民族传统体育的场地和基础设施建设严重不足，很多传统的体育项目的场地和设施资源并不能满足人们的日常训练和比赛的需要。民族传统体育的相应场地设施是发展民族传统体育的技术和传播民族传统体育的重要场所，因而应予以充分重视。对于已经建好的场地和资源，应加强其使用率，开展相应的传统体育项目比赛和运动会，促进人们之间的交流和协作，促进民族传统体育产业的发展。

加强民族传统体育的基础设施建设，一方面，要加强其产业化和市场化发展，促进其基础设施的兴建；另一方面，要进行科学合理的经营，促进其健康发展。这样不仅可以为广大人民群众提供健身的场所，同时还为民族传统体育产业的开发提供了必要的物质载体。

（二）加强民族传统体育项目的自身改造

随着现代生活节奏的加快，人们对于休闲和健身项目的追求向着简单、实用、有趣和高效等方面转化。这就要求民族传统体育加强对自身的动作的改造，使其能够更好地适应社会的发展。通过进行相应地改造，能够使民族传统体育更好地满足现代人的不同需求，为其发展和传播增加一定的群众心理基础。

为了促进民族传统体育更好的发展，民族传统体育项目的开发应注重项目的分化、提炼和创新。在项目自身的改造过程中，不妨加强先进的科学技术的投入，采用先进的理论和科学技术手段来进行相应的理论研究，运用现代科技促进其发展和传播。具体而言，对于一个项目的动作应舍弃那些不符合科学原理的动作，以增强其健身效果；对于一些观赏性较强、适合开展相应比赛的运动项目，应注重其相应的规则的完善，提高其观赏性。

（三）加强人才培养，提高管理者的素质和水平

人才是发展的第一生产力，对于经济和社会的发展起着至关重要的作用。人才素质的提高是民族传统体育产业化发展的重要保证。尤其是在当今社会，产业采用的多为数字化、网络化的技术手段，竞争的胜负在很大程度

上取决于民族传统体育文化品牌的质量和拥有发展民族传统体育文化产业的人才数量。因此，我国应增加民族传统体育文化产业的吸引力，使更多不同领域的人才加入民族传统体育文化产业的大家庭当中，各尽所能，逐步形成适应市场经济规律的运作形式和建立过硬的人才队伍。我国民族传统体育文化发展的现状需要越来越多的专业人才的出现，培养民族传统体育人才是发展的根本保障。

虽然我国民族传统体育的产业化发展起步相对较晚，基础也比较薄弱，但是其发展潜力巨大。随着改革开放的深化进行，民族传统体育产业化发展的水平会进一步提高，因而应尽快加强人才的培养，以适应未来发展的需要。

（四）大力培育中介组织，加大无形资产开发的力度

民族传统体育产业的发展需要借助相应的中介组织和机构，为其发展提供广阔的空间。随着我国改革开放的不断深化，社会主义市场经济制度在我国逐渐确立，形成了多层经营主体竞争的局面，这在很大程度上为我国民族传统体育中介的发展提供了某种契机。因此，民族传统体育的发展应抓住机遇，借助相应的中介组织促进自身的发展。另外，政府也应该加大对体育中介市场的扶持，为我国传统体育中介市场的发展提供宽松的外部环境。

（五）加强民族传统体育竞赛表演业的发展

开展体育竞赛和体育表演是体育项目传播的重要渠道和方式，很多体育项目都是通过这一渠道逐渐被人们所了解和认识，并且逐渐在国际上具有了一定的影响力。因此，开展民族体育运动会对于我国民族传统体育产业化发展具有极为重要的推动力。

除了开展相应的民族体育运动会之外，还可以通过开展相应的运动比赛形式，积极推广民族传统体育，倡导健身、休闲，使更多的人参与其中。

对于一些发展比较成熟的民族传统体育项目，应对其进行科学的加工，使其逐渐向竞技项目迈进，在吸引人们参与其中的同时，也能够发展和完善其运动规则和运动技术。

（六）健全相关法律法规

民族传统体育文化的产业化发展主要包括两种模式：一种是市场主导型；另一种是政府参与型。在社会主义市场经济体制下，我国主要采用政府参与型的产业发展模式，这是由我国的基本国情决定的。因此，我国必须充分发挥政府在民族传统体育文化产业化发展中的作用。发挥政府的作用，就要为民族传统体育文化产业发展确立目标。目标确立后，政府应出台相关的扶持政策，采取发展民族传统体育文化产业的措施，将民族传统体育文化产业确定为体育产业发展的重点。另外，政府对民族传统体育文化产业进行扶持，还必须健全和完善相关的法律法规。只有健全与完善民族传统体育文化市场的法律法规体系，才能对市场起引导、规范作用，才能为民族传统体育文化产业化发展提供良好的环境。

（七）实行民族传统体育俱乐部制

在体育自身的发展及人类物质文明与精神文明不断提高的条件下，体育的许多特有的功能和作用才能逐渐被挖掘出来，并得到充分发挥，体育俱乐部的数量和会员迅速扩大也得益于此。体育俱乐部逐渐成为有效开展和经营体育活动的主要组织形式，并风靡世界。改革开放以来，在计划经济转向市场经济的过程中，国家的政治、经济发生重大变革，我国的体育俱乐部就是在这样的背景下兴起的。体育俱乐部在一定程度上反映了社会的进步和体育改革与发展的方向，因为它是体育改革的产物。中国体育未来的发展必然有体育俱乐部的伴随。

民族传统体育在我国社会主义市场经济发展的背景下逐渐走向市场。民族传统体育文化要想成为世界性的体育项目，要想与世界范围内的体育运动相互交流，可以走俱乐部制这条路。民族传统体育实行俱乐部制不仅有利于传播我国优秀的民族传统文化，而且加速民族传统体育文化社会化与产业化的发展历程。实行俱乐部制对构建民族传统体育文化的产业化发展体系具有如下几方面的作用：

第一，民族传统体育实行俱乐部制能够满足人民群众日益增长的民族传统体育健身、娱乐、观赏等各方面的需求，为民族传统体育文化的产业化发展吸引更多的消费群体。人们对民族传统体育的要求随着物质生活水平的提高和健身娱乐方式的多样化也越来越高。俱乐部可以帮助人们实现健身娱乐的需要，人们也可以通过俱乐部观赏到有价值的民族传统体育比赛。因此，实行俱乐部制能够提高民族传统体育比赛的观赏性，帮助人们实现观赏的需要。

第二，民族传统体育实行俱乐部制，可以通过俱乐部的组织形式吸引更多的民族传统体育文化爱好者，使爱好者在俱乐部接受专业系统的训练，俱乐部就成为为民族传统体育文化产业化发展培养后备人才的重要场所。

第三，实行俱乐部制能够加速民族传统体育文化在世界范围内的广泛传播与交流。实行俱乐部制，民族传统体育文化就有机会走向世界，成为世界性的体育文化。在国际上传播我国民族传统体育文化，也意味着传播我国优秀的民族文化。民族传统体育文化在世界范围内的传播与交流主要有两种形式：一是向国外输送优秀的民族传统体育教练员与运动员，互派访问团与表演团，创办国际性的职业运动员和教练员培训班；二是借助文化形式，如民族传统体育文化节等，在国家间开展广泛的交流，使之成为全球性的优秀文化。

第四，实行俱乐部制能够促进社会经济的繁荣发展。俱乐部获取经济利益、促进经济发展的主要途径是收取门票、广告费、网络转播费和运动员转会费及相关费用，俱乐部同时带动了电视业、广告业、服装业与器材业等相关产业的发展。

第五，实行俱乐部制带动了民族传统体育服务业的繁荣。随着人们生活水平的日益提高，城市居民特别是大中城市居民的可支配收入也随之增加，因而对民族传统体育健身娱乐服务的要求也进一步提高，民族传统体育服务业便随之产生并快速发展。服务产业主要以盈利为目的，有着广阔的消费市场。新型的民族传统体育俱乐部不仅为消费者提供民族传统体育服务，而且提供娱乐、餐饮、旅游等方面的综合服务，从而有效促进相关服务产业的发展。

综上所述，实行民族传统体育俱乐部制，能够加快构建民族传统体育文化产业化发展体系，带动相关产业的飞速发展。

（八）创建有影响力的民族传统体育品牌

民族传统体育文化是我国的宝贵财富，所以我们应积极研发实施品牌战略，提高民族传统体育文化产业的国际竞争力，促进民族传统体育文化产业的快速发展。目前，我国民族传统体育虽然已经跨出国门，走向世界，也参与了一些交流、表演和比赛，取得了一定的成绩，但其发展的状况仍不能令人满意。造成这种状况的原因是多方面的，如民族传统体育文化产业自身的宣传推广不够，没能形成品牌优势。

民族传统体育文化品牌包含的内容很多，有民族传统体育工艺品、旅游用品、邮票书画、音像光盘等。民族传统体育文化品牌有很大的发展空间和发展潜力，关键在于我们要科学合理地开发。

（九）积极促进民族传统体育市场的发展

市场化是民族传统体育文化发展的必由之路。民族传统体育文化产业化的发展需要诸多有关市场的有效配合。在现阶段，我们要积极开拓民族传统体育文化的国内、外市场，为民族传统体育文化的发展创造一个良好的环境。

1. 民族传统体育技术培训市场

增加民族传统体育人口的主要方法是做好民族传统体育的技术培训工作。民族传统体育技术培训与产业市场是相互影响、相互促进的密切关系，主要表现在如下两个方面：

第一，在民族传统体育技术培训中，接受培训的人需要购买相关书籍、服装和用品等，同时要参加多种民族传统体育比赛和表演等活动，这些需要购买的物品和民族传统体育活动对民族传统体育相关市场的活跃和发展起到了积极促进的作用。而且民族传统体育技术培训还可以培养大批爱好者，引导他们进行民族传统体育文化产业消费。

第二，民族传统体育相关市场的发展反过来影响民族传统体育技术培训市场。例如，民族传统体育竞赛表演市场中精彩的表演与比赛或健身娱乐市场的发展,可以带动更多的消费群体转入民族传统体育技术培训市场。

2. 民族传统体育健身娱乐市场

促进民族传统体育健身娱乐市场的发展主要要做好如下几方面的工作。

(1)培育广大消费者。生产、流通和消费是民族传统体育健身娱乐市场运行的几个环节。民族传统体育健身娱乐市场的发展需要广大消费者的支持与保障,因为健身娱乐市场的发展在很大程度上由消费者的消费意识、消费动向和消费水平来决定。健身娱乐市场的发展主要考虑的经营策略是如何根据消费者的需要开发和利用民族传统体育资源,这个经营策略可以从两个方面实行。

第一,提高人民的消费水平,提高消费水平首先要提高收入水平及生活水平,人们物质生活条件优越了,在民族传统体育健身娱乐这个行业中消费的观念才有可能萌生。

第二,民族传统体育健身娱乐市场要想扩大积累资金,加快运转,促进自身发展,就必须把握市场发展方向,准确做好市场定位,降低自身成本,以灵活的价格面向各种消费者,逐渐吸引更多的消费群体投入健身娱乐市场,这样才能多层次、多特色、多项目地开发健身娱乐市场,才能满足不同层次的民族传统体育消费者的需要,推动民族传统体育健身娱乐产业的快速发展。

(2)建立相关法律和管理体制。没有形成符合市场运行规律的管理体制是民族传统体育健身娱乐市场还未充分发展的主要缘由之一。虽然我国有些省市制定了相关的地方法律法规,在一定程度上对当地健身娱乐业起到了规范作用,但是,由于市场有自身的运作规律,必然会出现市场竞争与优胜劣汰,新生事物进入市场能否生存并发展要经过市场的长期检验才有结果,相关部门的管理只是起到了宏观导向的作用。谁投资、谁受益是管理民族传统体育健身娱乐市场的基本原则,对此,相关部门需要用必要的法律政策来维护和保障市场的稳定发展。

3. 民族传统体育消费市场

当前,我国的民族传统体育消费在整个体育消费中所占的比例还很小,因而积极开拓民族传统体育消费市场，扩大我国的民族传统体育消费水平非常迫切。这就要求我们充分发挥民族传统体育的吸引力，刺激消费，积极宣传民族传统体育的功能价值，以迎合人们对健康的需求。另外，民族传统体育中一些项目还具有防身作用并且动作优美，这都可以成为刺激民族传统体育消费的有利条件。只要充分挖掘民族传统体育文化的价值，就会形成有活力的品牌，吸引大企业、大公司等参与到民族传统体育文化的发展中来，进一步促进民族传统体育产业文化的发展。

4.民族传统体育文化市场

在民族传统体育文化产业的发展过程中，民族传统体育文化市场的发展至关重要。一方面，要加强民族传统体育文化基础理论的研究工作，借助媒体的宣传作用，积极引导民族传统体育文化的消费需求；另一方面，要积极开拓民族传统体育市场，形成以创新促市场发展，以发展推动民族传统体育创新的良性循环。

民族传统体育文化市场的类型非常复杂，主要包含有形产品、无形产品、物质产品和精神产品等，这使得人们在进行某种类型的民族传统体育文化消费的同时会带动对民族传统体育文化其他层次的需求。民族传统体育市场的开发具有文化先行性、潜在性、引导性的特征，因而文化规律成为制约民族传统体育文化市场的另一规律。由于民族传统体育文化产品与其服务价值的二重性及其消费特性，民族传统体育文化市场具有与一般物质产品市场所不同的市场效益二重性，即经济效益和社会效益。社会效益第一，经济效益第二。没有社会效益也就无从谈起经济效益。

随着社会的发展，民族传统体育文化产品的生产、流通、消费和服务呈现出了新的面貌，这与现代化的社会化大生产密不可分。大工业生产和现代的科技为民族传统体育文化的生产和服务活动的开展创造了极为有利的条件，丰富和扩展了传播媒介、流通方式、消费方式。

（十）加强对民族传统体育文化产业的宣传和推广

政府还要加强政策的扶持，促进民族传统体育的推广与普及，把现代高科技运用到民族传统体育文化产业中，拓展全新的产业空间，提高民族传统体育文化产业的整体运作效率，为全面提高民族传统体育的国际化地位与社会影响开创一个新的起点。

在宣传推广过程中，要注重对民族传统体育文化的传播。民族传统体育深厚的文化底蕴，越来越受到国内外学者的普遍关注，而且其深远的品牌价值也受到商界人士的青睐。在信息化年代，产业的发展、产品的宣传都离不开媒体。因此，民族传统体育也应该重视现代化媒体积极的宣传作用，而且要特别重视对民族传统体育文化的宣传与传播。

第四节 新时代民族传统体育的发展走向

一、加强政策制度引导

（一）加强政策宣传

民族文化传承，政府发挥着十分重要的作用，政府应加强各种民族传统体育文化宣传、教育、管理、发展等各方面政策的出台，给予我国民族传统体育文化的传承以必要的政策指导、政策支持。

在大力普及和推广民族传统体育文化的过程中，还要重视优秀民族传统体育文化传承人的发掘和培养，通过将民族传统体育纳入学校教学体系，通过学校教育进一步普及与发展民族传统体育，吸引和影响更多的人传承民族传统体育文化，并发现和培养优秀的民族统体育文化传承人。

（二）建立规范制度机制

1. 建立传承机制

在民族传统体育文化传承管理中，由于制度建设的不完善，我国民族传统体育文化传承主体存在着许多令人担忧的问题。例如，传承人传承水平遭受质疑，传承能力受年龄限制难以为系。在实际的民族传统体育文化的传承过程中，还有许多经过官方认证的民族传统体育文化传承人退出机制，对此无奖惩标准，政府无法进行干预。针对这种问题，应不断健全我国民族传统体育文化传承机制，保证每一名传承者的权益，也规范每一个传承人的义务。

2.建立健全文化传承制度

文化的传承是一个复杂的过程，关于文化的传承，有很多有争议性的认识，如有人认为文化传承就是"原汁原味"的"复刻"；也有人指出，文化的传承包括在保留原有文化属性基础上的创新，但是在创新过程中又很难保证原有文化的内容、形式不会发生大的改变。但如何"有选择性地创新"，在限定条件中创新，这是一个非常难以拿捏的过程。

针对民族传统体育文化的传承与创新问题，应集合体育专家和不同体育文化传承人的意见和建议，出台相关的民族传统体育文化保护制度，确保民族传统文化既能实现原生态的传承，又能合理创新。

二、发掘、培养传承人

（一）重视传承人的培养

民族传统体育文化必须要有人来传承技术体系和传统文化的延续发展。如果没有"人"的传承，技术体系与传统文化就得不到延传，传承人是民族传统体育的核心载体。因此，必须重视民族传统体育文化的传承人的培养。

（二）重视传承人的保护

明确民族传统体育传承人的权利与义务，重视对文化传承人的保护。

1. 传承权利

民族传统体育文化传承人具有依靠自己的技能开展相关活动的权利，这些活动主要包括讲学、学术研究、传艺以及创作等。

民族传统体育文化传承人在文化传承中所拥有合法权利应当受到法律的保护，法律应当保护传承人的这一权利，以确保传承人能科学开展各种民族传统体育文化传承活动，促进民族传统体育文化的传承。

2. 传承义务

民族传统体育传承人在民族传统体育文化传承中承担着重要的责任。权利与义务并存，法律所规定的民族传统体育文化传承人的基本义务具体如下。

①传承人应该对自己所掌握的知识、技艺及有关的原始资料、场所，以及实物等进行完整保存。

②传承人应将个人技艺向后人传授。

③传承人要依法开展文化展示与传播活动。

④传承人应科学选择与培养新的传承人，重视文化的书面著作传承。

（三）提高传承人的素养

要实现民族传统体育文化的高质量传承，就必须不断提高民族传统体育文化传承人的素养，具体应做好以下几方面的工作。

1. 重视传承人品德教育

民族传统体育文化传承人的个人素养将直接影响其对民族传统体育文化的传承质量，对民族传统体育文化传承人的品德教育非常重要，良好的品德品质可以促进民族传统体育文化传承人的高度责任感、使命感的产生，并能认真、负责地传承民族传统体育文化。

2.重视传承人考核

我国民族传统体育文化传承方式主要是以师徒传承为主，人的口传身授或口传心授。这种形式是非常容易发生变异的，如果传承者不能很好地表达、令下一代传承者很好地掌握，则会令文化传承变成空想，因此，要重视对已经被认定的民族传统体育文化传承人的定期和不定期的业务素质考核，确保传承人始终具备良好的文化素养与文化传承能力。

3.重视传承人的奉献教育

现在的传承人大都是"兼职"的传承人，没有靠某一项传统体育项目谋生的，这时他需要牺牲更多的时间和精力，在做好本职工作的同时，兼顾传承传统体育文化。

在民族传统体育的传承问题上，一些专职的教育者也属于传承人。他们可以终身致力于民族传统体育的传承与发展的事业里，对于民族传统体育的持续发展是有重大意义的。

对于这些默默奉献的传承人，我们一定要重视他们的工作和付出，因为这不仅是他们的事业，更是事关民族传统体育发展下去的大事。这些传承人，理应受到人们的尊敬。我们要不断提高民族传统体育文化传承者对民族传统体育文化的严谨态度和文化传承奉献精神，确保民族传统体育文化全面、持续的传承。

三、重视国际化传承

（一）把握文化全球化机遇

全球化为各国的体育文化提供了相互传播与融合的发展机遇，我国应该抓住这一机遇来传播民族传统体育。

在全球化境遇下，民族传统体育文化的传承不能仅囿于国内，必须走出国门，扩大民族传统体育的影响力，提高民族传统体育的国际地位，在传承的基础上促进民族传统体育文化发展。需要特别指出的是，在文化全球化发展背景下，东西方体育文化激烈碰撞。在西方体育文化占据主导地位的全球体育文化视域下，我国民族传统体育文化的国际化传播、传承不能一味地"迎合"，具体要以中国特色社会主义文化为标准，以我国民族传统文化为主体来不断整合与革新民族传统体育，突破顽固的守旧模式，尝试对体育文化的传播方式、传播内容等进行创新，进而不断提高我国体育文化的竞争力，不断满足民族传统体育国际化传播与世界化发展的需求。

（二）重视国际文化交流与合作

当前在世界范围内，我国民族传统体育的国际化传承应重视品牌建设，以充分满足当前全世界范围内对民族传统体育文化和相关产品的需求。例如，可以充分借鉴"孔子学院"国际化推广的成功经验，在全世界范围内设立民族传统体育教育机构，使更多的人关注、了解、传承民族传统体育。

再如，可以在华人聚集的地方，创办民族传统体育文化节活动，通过华人在海外的民族传统体育文化活动参与、宣传来"以点带面"地促进更多的国外友人了解、认识我国民族传统体育文化。

四、在传承中谋发展

文化的发展离不开创新，当前要想使我国民族传统体育获得更大的发展，必须在传承的基础上谋求创新，积极弘扬我国民族传统体育，传承与发展并举，在民族传统体育传承的基础上发展，使我国民族传统体育永葆生命力。

（一）与市场结合

在当今市场经济社会背景下，民族传统文化面临着生存困境和危机，正确处理传统文化与现代发展之间的关系，发扬民族文化的优势，积极适应现代化变革，推动民族传统体育的市场化发展是民族传统体育传承的一个重要发展方向。

结合当前我国市场经济发展形势，应大力发展民族文化产业，把民族传统体育作为一个产业来开发，让民族传统体育主动参与市场竞争，并不断提高民族传统体育自身的市场竞争能力，使其在市场竞争中谋求可持续发展之路。

（二）坚持走出去战略

推动民族传统体育在国内发展的同时，加强民族传统体育的国际传播、交流、传承，重视中国民族传统文化的"走出去"。

当前，国际各种政治、经济、文化交流日益密切，政府和相关部门应该在民族传统体育的对外交流上多下功夫。例如，可以通过举办大型的世界民族传统体育节，使世界上更多的人认识我国民族传统体育；培养一批优秀的民族传统体育学员、教员、裁判员，促进我国民族传统体育的国际化发展，使其在世界多元文化中占据一席之位。

第五章
民族传统体育项目的发展与实践

第一节 武术的传承与发展实践

我国武术拥有数千年的深远历史，具备丰富的文化精神。通过长期练习武术可以起到健身娱乐、修身养性的作用。中国传统武术代表着中国民族的精神，可以使国人产生从内而发的自豪感，促进民族团结力和凝聚力，激发爱国主义情怀。中国传统武术的传承体现出对中国传统文化思想的发扬与延续，但是传统武术面对武术文化流失、自身发展的失衡等，同时受到外来文化的冲击而影响到其发展。在新时代，传统武术也需要跟随时代的脚步而发展，要顺应时代社会发展的需求。

一、武术的传承

武术的传承必然离不开社会的发展，伴随社会背景的不断转变武术也在不断寻找新的发展契机。武术的传承与发展一定要和社会背景相顺应，同时一定的社会关系也是传统文化传承与发展的本质。可以说，武术一定历史阶段中的传承问题，其基础问题就是其社会关系是否可以适应当下社会背景的转变。从社会人类学的角度看待武术的传承，武术的传承主要有地域传承、专业传承、血缘传承及师徒传承等。当下武术的传承与发展可以和现代教育有效结合,成为武术传承的主要方式。①

二、武术传承的价值

武术蕴含着丰富的哲理及武术精神,具有显著的民族特色及文化内涵。武术富有爱国精神,以及宽容、诚信的处世精神,明是非、疾恶好善的侠义精神等,这些都是武术伦理道德思想的主要展现。武术从形成发展到今天一直都被认为是具有良好强身健体作用的运动方式,现代科学研究也已表明长年坚持习武有助于身体健康,当下的武术也成为众多人选择的健身方法。

武术由于表演形式的多样化,使其具有表演性质,由此部分武术逐渐走上了商业化演出的道路,且得到了快速发展,甚至发展到了国际赛事等世界舞台上。传统武术的表演同时也推动了体育产业的发展,比如武术表演的服装和器材以及一系列相关产业、武术表演的有关电视节目、网络节目等,都很好地触发了体育市场的发展。

总的来说,传统武术的传承具有以下几点现代价值。

1. 满足当今人们的健康需求

现代社会工作和生活方式的变化给人们带来了较大的健康危机,多数人都处于一种亚健康状态,传统武术的运动形式多样,与现代有氧运动的运动理念相合,能够满足不同年龄段人群的锻炼需求,通过传统武术锻炼,能够有效提高人们的身体健康水平。

2. 满足人们的娱乐需求

现代社会人们的工作压力和生活压力比较大,在紧张的工作之余,可以通过传统武术这种休闲方式来实现身心的放松,在进行传统武术练习的过程中还能够体会到中国传统文化的魅力。另外,以传统武术为对象的一些表演比赛节目、影视剧作品等也能为人们提供丰富的娱乐方式。

---

①苏航.民族传统体育文化传承创新研究[M].南昌:江西科学技术出版社,2017.

3. 促进中国传统文化的传播

传统武术的理论基础是中国传统文化，在当前世界文化多元化发展的大背景下，中国传统武术在世界范围内的传播和发展也能够将更多的中国传统文化元素展示出来，让更多的人了解中国传统文化，实现中国文化软实力的提升。

三、中国传统武术传承与发展的困境

（一）武术精神的遗失

武术一直秉承"未习武，先习德"的理念，但是现在武术教育重点是武术技术，对于武德和武术精神在教学过程中有所忽视。造成这一现象的原因是我国当前社会节奏较快，武术在我国社会中传承和发展主要依靠于武术的艺术性和健身性，很多人急于求成，对于武术精神的继承和发展有所忽视。这也导致了我国武术传承中出现了缺失。

（二）学校体育中缺少武术教育

武术教育当前的传承主要对象是学生，但是当前学校的武术开展并不广泛。我国武术主张内外兼修，并且有着深厚的文化理论基础，使得武术在教学过程中需要内外兼修。但是一些院校在开展的武术课程中，只是对武术的"形"进行教学而忽略了武术的"意"，注重表演而不注重实战，武术教育受到教材老旧等因素的影响，发展受到阻碍。[1]

---

[1] 王岗，薛立强，徐政权. 城市化进程中传统武术的生存"困境"与应对措施研究［J］. 南京体育学院学报（社会科学版），2015（1）：1.

（三）外来文化冲击

随着外来文化的纷至沓来，使得武术面临传承中断的可能性。当前武术文化传播力度较小，使得青少年对于武术有一定的认识误区，认为我国武术缺少实战能力。

（四）缺乏武术标准

我国武术因为派别众多造成了传承上的困难。武术派别的过于繁杂对于武术传承也产生了一定的影响，没有一定的统一标准，使得武术传承工作难以开展。随着社会的发展，很多小众派别的武术已经面临失传，很多派别的武术世家缺少真正的传承人。

四、武术的发展途径

武术要想获得可持续发展，必须寻找出一条具有可行性的发展途径，即开发武术的经济资源，发展武术产业。开发武术的经济资源，努力发展武术产业，为武术的可持续发展奠定良好的经济基础，以武养武，充分利用武术自身所蕴含的各种资源优势使武术获得更好的发展。

武术作为一种体育运动和一种文化，可以促进人民的健康，通过竞赛满足人们技击、娱乐和观赏的需要，满足人们求知与审美的需求。由此可见，武术蕴涵着丰富的经济资源，开发和利用这一资源，需要从以下几方面入手。

①组织、举办各种武术竞赛活动。通过竞赛形成由武校、体育院校、各级体育局、工厂、企事业单位、政府以及媒体共同参与，在合理规则的引导下，通过举办各种比赛带动其他相关产业的共同发展，进而促进武术的可持续发展。

②走大众健身的发展道路。充分利用武术在全民健身中的优势，通过开展武术健身俱乐部、培训班等形式，在扩大武术的群众基础的同时，获得相应的经济回报。

③充分利用武术的文化价值。武术的文化价值可转化为经济价值，应充

分利用武术的文化价值为经济服务。如"中国郑州国际武术节""武当山武术文化节"的举办，实现了武术文化价值和经济价值的双赢。

通过各种形式发展武术产业，不但能使广大武术工作者感到自己工作的社会价值，满足他们实现自我价值的需求，而且给武术工作者带来较高的社会地位和较丰厚的待遇，激发他们以饱满的热情和更加强烈的责任心投入到武术工作中去，不断推动武术的可持续发展，从而使武术真正实现可持续发展。[1]

五、武术的发展对策

（一）充分发挥武术的健身功能

要结合当代大众的现实需求，有针对性地对武术实施创新、提炼、分化，正确处理创新和发扬的关系，从而使得社会各界大众需求得以满足，使得武术能够跟随时代发展的步伐。武术套路拥有优良的健身效果，如长拳、太极拳有着养生保健的功效，中老年人进行这些运动能够起到良好的健身作用，可以在中老年人群中进行广泛宣传。武术散打技击性很强，受到年轻人的广泛喜爱，可以通过散打运动强身健体。同时，武术练习的时间、强度、形式，都必须使用合理的手段指导，才能更加地有助于人的身心发展。如今，时代迅猛发展，武术发展要跟随时代，随之改革创新，才能和现代社会相吻合，才能满足大众需求，用前沿观念、合理态度，进一步丰富和发展传统武术，展现出其独特的魅力。

（二）弘扬武术精神

武术在发展、传承过程中，要重视精神文化，关键是要重视武德传承。学习武术动机最根本的是保护自身，并非伤害他人。我国为礼仪之邦，以礼待人、热情好客，中国武术蕴藏着诸多礼节，不管是以武相争或者以武会

---

[1] 杨佳淇.论我国传统武术的传承与发展[J].体育风尚，2019（2）：93-95.

友，都要礼节在先，从而体现出对对手的尊重。中国武术有一定的内隐性，尽管掌握了一定的武艺，也不能得意，要自我完善、自我克制，还要以自身道德感化他人，从而使社会每个成员逐渐完善自身的精神世界和道德品质。

（三）开拓武术市场

如今，武术表演出现在了诸多的场合，受到大众的一致热爱。武术表演内容多元化，带给大众赏心悦目的体验，武术表演市场得以拓宽。此外，武术馆、武术俱乐部、各级武术赛事遍地开花，催生了武术器械、服装，武术培训，武术综艺节目，武术影视等一些相关产业的发展。

（四）健全武术发展机制

第一，需要完善武术传承主体，组建合理的组织体系，深度分析武术，运用科学方式进行引导。同时，注重武术师资团队创建，不断举办有关知识的培训，造就出专业的武术教学人才；要善于发现人才，培养人才，让大众深刻认识到武术的精髓。

第二，要确立武术的发展机制，明确武术的发展目的，以教育标准化为根本，在教育体系中加入武术，使得武术走入校园，重视武术在体育教育中的发展和推广，进而促使武术顺应时代的发展需求而得以良好的继承与发扬。[1]

（五）加强武术宣传

重视武术宣传活动，有关部门，比如社会组织或者有关政府机构，要加大武术活动的开展频率，比如定时开展专家讲座、比赛交流展示等。以传承内容为活动中心思想进行传承活动，通过内容建设来传播武术的文化精髓。增强武术的宣传力度，让大众认识武术精髓，从而唤起学习武术动机。

武术不仅具备强身健体的功能，并且蕴含着丰富的中国文化及武术精

---

[1]郭玉成.传统武术在当代社会的传承与发展[J].上海体育学院学报，2008（2）：54-57.

神，可以使得习武者内外兼修，是我国重要的传统文化之一。在当下社会环境中，正是大力推广和复兴传统文化的重要时期，作为中华优秀传统文化之一的武术文化，其传承与发展需要更加全面的发展机制，通过科学的理论知识与管理方式作为引导，加大对武术的宣传教育工作，使得武术拓展新的发展路径，从而得到良好的传承和发展。

第二节 舞龙舞狮运动的现状与发展实践

我国是世界龙狮运动的发源地，龙狮运动已有着2000多年的发展历史，始终都受到了人民群众的喜爱。舞龙舞狮运动是一项集传统文化和体育健身运动于一体的特殊运动，其中不仅蕴含了民族精神，也彰显了团结力量，极具传统民族文化特色，不仅被我国人民所喜爱，也受到了海外群众的支持和认可。随着当前经济全球化的不断推进，各国之间的文化交流日益增多，在这种社会环境下，舞龙舞狮运动也秉承着自身的特点和优势促进了各国人民之间的友谊沟通，让我国的龙狮文化在世界范围内得到了广泛传承。

从当前的实际情况来看，舞龙舞狮运动虽然得到了良好的发展，但在具体发展的过程中也存在一定的问题、面临一些困境。对此，还需要予以高度重视，结合舞龙舞狮运动的基本特征、文化内涵以及当下社会发展的态势，采取多样化手段促进舞龙舞狮运动发展的规范化、科学化、竞技化、国际化，为我国传统文化的传承与弘扬创造有利条件。

一、舞龙舞狮运动的概念

（一）舞龙

舞龙运动涉及了很多方面的内容，是一种融入了包括舞蹈、武术、民族古乐、文学等很多元素在内的运动项目。人们在进行舞龙表演的过程中，将舞蹈动作和武术动作相融合，根据鼓乐的打击节奏呈现出不同的肢体动作，通过控制自身动作的速度、力度、幅度等呈现出不同的造型姿态，完成各种难度较大、动作优美的体育动作。舞龙运动在场地上并不受太大的限制，对于运动者的性别、人数和年龄也没有过多的要求。通常情况下，有五人龙、九人龙等几种不同的人数组合方式；在性别差异上主要分为男子舞龙和女子舞龙；在参与者年龄上可以分为少年舞龙和成人舞龙；在运动类型上可以分为舞龙表演和舞龙比赛。为人们呈现出了气势不凡、生动精彩的运动氛围，有助于给人们生活增添欢乐。

舞龙运动有很多不同的名称，比如，"龙舞""耍龙""盘龙灯"和"龙灯"等。在我国，古代人们将龙看作是吉祥、尊贵的化身，为了更好地展示出龙的形象，人们创造了很多不同的舞龙样式。据相关统计，目前我国现存的舞龙样式有300多种。主要包括舞龙头、舞麻龙、舞草龙、波水龙、百叶龙、烧火龙、板凳龙、滚地龙、三头喜龙、火龙、布龙、水龙、醉龙等。[①]

（二）舞狮

舞狮这项运动在古时候人们又将其称之为"太平乐"。舞狮运动在狮头的设计上有很多不同的造型，具体可以分为蚱蜢头、鲇鱼头、大头狮、鸡公狮、鸭嘴狮等；根据制作材料也可以分为毛狮和布狮；按照表演方法来看，则可以分为露脚狮、基脚狮、高脚狮、矮脚狮；站在地域空间的角度来看，主要分为南狮和北狮两种，前者为南方舞狮，后者为北方舞狮。

南狮主要可以分为文狮、武狮和少狮3种不同的类型，通常以广东地区的舞狮为代表。南狮在动作上比较迅速、威猛，需要搭配大鼓、大锣等乐器，整体上背景音乐气势庞大而雄壮，让人为之振奋，在两广地区、港澳地区以及新马泰地区广泛流行。站在流派的角度，又可以将南狮分为鹤山派与佛山派两个不同的派系。从当前的实际情况来看，佛山舞狮在我国舞狮运动中占据重要位置，素有"狮王之王"的美誉，有着神、形、态俱美的特点，是一种十分精湛的民间传统文化艺术。

北狮在外形上与真狮子很像，运动过程中，表演者全身狮披覆盖，通常情况下有两人共同扮演一只狮子，狮头、狮尾各一人，只露出双脚。在表演

---

① 李雄锋.国内舞龙舞狮运动研究综述［J］.体育科技，2019（06）：55-56.

过程中，通常会有两头狮子共同配合，在动作上轻巧灵活，主要有挠痒、跳跃、翻滚、跌扑等动作，表演者需要尽力模仿真狮子的表情和动作，在圆球、桩柱、方桌等器材的配合下进行表演，并应用小锣、小鼓、小钹乐器来伴奏。北狮主要在我国华北、华东等部分地区流行。目前极具代表性的北狮主要有湖南狮、河北双狮、安徽青狮等几种。

二、我国舞龙舞狮运动的发展现状

我国的舞龙舞狮运动历经了上千年的发展，从传统的单一化到目前的多元化，从过去的封闭式到当前的开放式，已经逐渐发展成了一种集多功能为一体的传统民族体育运动。在贯彻国家体育方针的同时，也在大力弘扬传统民族文化精神，为我国体育文化事业的发展贡献了巨大力量。但从当前的实际情况来看，我国舞龙舞狮运动在发展过程中也存在一定的问题。下面主要分析南方舞龙舞狮运动在发展中存在的问题。

（一）舞龙舞狮运动整体发展不够平衡

目前，我国舞龙舞狮运动在全国各地区的发展中存在严重的不平衡问题，相较于北方地区来说，南方地区由于经济发展水平较快，因此在舞龙舞狮运动上也明显要优于北方，但也在一定程度上受地区界限的影响。当前南方舞龙舞狮运动，比如上海、江苏、湖南、湖北、四川等地区主要以舞龙为主，在舞狮运动方面相对较少。有的地方甚至还没有成立专门的地方协会，影响了舞龙舞狮运动的均衡发展。

（二）舞龙舞狮运动竞赛体制比较单一

目前的实际情况来看，我国龙狮协会虽然已经制定了具体的章程、管理制度和竞赛规则，但大部分内容并没有展开细化和及时修订，存在滞后的问题，不适应当前舞龙舞狮运动的发展。一些地方协会虽然每年都有积极举办龙狮比赛活动，对于竞赛模式和比赛制度没有深入研究，缺乏创新和改进，导致龙狮竞赛活动单一传统，每年都是重复性操作。除此之外，地区龙狮协会，对于舞龙舞狮运动的宣传和推广力度不够，虽然最近几年也投入了大量的人力、物力和财力，但依然主要是依靠各级政府和地方体育部门的支持，在社会力量的参与方面比较缺乏，这也影响了龙狮运动进入市场，因此无法获得良好的社会经济效益。

（三）部分龙狮项目面临失传危险

我国舞龙舞狮运动中涉及了很多方面的内容，运动项目丰富多彩，仅舞龙样式就有30多种，包括人龙、草龙、火龙、筐龙、布龙、荷花龙、板凳龙、三人龙、五人龙直至百人龙等；在舞狮运动中，南狮主要有佛山狮、鹤山狮、岭南狮、麒麟、貔貅等几种类型。面对如此多样化的内容，由于受到财力、精力等多方面因素的影响，导致我国舞龙舞狮活动的发展受到了一定的阻碍。对于南方龙狮活动来说也是如此，很多运动项目流散在民间，相关地方协会没能对其进行全面挖掘和整理，使得一些活动没有得到针对性的管理，这一情况的存在，让很多龙狮项目都面临着失传的危险。

（四）竞技运动和大众运动不够协调

近几年来，我国龙狮协会在舞龙舞狮运动的规范和管理上投入了很多的精力，先后完善了相关的竞赛规则和组织办法，并在各地区组织了一定数量的比赛活动，取得了优异的成绩，也获得了龙狮活动领域的一致认可。面对当前多变的市场环境，我国龙狮运动的未来发展需要面对新形势和新要求，针对这一情况必须要在回顾总结过去龙狮运动发展经验的基础上，明确新方向、设定新目标、进行新思考、落实新设计。但从当前实际情况来看，南方舞龙舞狮运动在发展过程中，由于管理规范不够协调，导致竞技运动和大众运动存在一定的矛盾。因此，还需要不断制定新的管理规划和管理办法，否则舞龙舞狮运动的发展将会难以满足广大人民群众的需求。

（五）龙狮运动器材研制工作比较滞后

从目前的实际情况来看，对于我国龙狮运动的发展来说，运动器材的影响是巨大的，已经成为当前的一个主要因素。我国舞龙舞狮运动有着悠久的历史，具有丰富的传统文化内涵，在上千年的发展中，运动器材也在不断完善和改进。伴随着新时代的到来，龙狮运动开始走向世界的舞台，参与的人群也在不断增加，人们对于龙狮运动的质量和效果提出了更高的要求，在这种环境下，龙狮运动器材的研制和更新已经无法满足人们的需求。比如，在南方舞狮运动中，南狮桩阵搬运困难、变化多端的问题一直都没能得到改变，严重影响了舞狮比赛的节奏、效果，制约了南方舞狮运动的发展。

（六）龙狮运动的整体发展缺乏规范

我国舞龙舞狮运动历经了上千年的发展和演变，在1995年之前基本上始终都处于一个放任自流的状态，在管理和组织上比较随意、松散。而且主要以民间的舞龙舞狮活动为主，流派繁多、各自为政，缺乏统一的管理和规范。1995年之后，中国龙狮运动协会和国际龙狮总会相继成立，相关部门也出台了《龙狮运动竞赛规则》，并成功举办了一系列比赛活动，至此，我国舞龙舞狮运动开始朝着规范化的方向发展，有效改变了以往杂乱无序的现象。但是从当前的实际情况来看，由于社会的不断进步，相关规范和制度也并未随之完善，导致舞龙舞狮运动的整体发展上依然不够规范，学习者缺乏系统的训练，技艺水平不够高超，因此也就没能达到一个理想的状态。

（七）没有做好龙狮运动的国际化推广

我国舞龙舞狮运动在不断的发展和演变中，一直都致力于朝着传承文化、立足世界的目标前进的。但是由于受到社会环境、文化环境、地域差异、宗教信仰的影响，导致在国外的发展中受到了一定的阻碍。最近几年，我国社会经济发展迅速，与西方国家之间的文化交流变得日益密切，在这种环境下对于舞龙舞狮运动文化的传播也变得越加广泛，受到了很多国际友人的喜爱和认可。同时，也有很多海外华人的支持和努力，让我国的龙狮运动开始走上国际化舞台，目前在很多国家都得到了发展。但是也主要是以亚洲地区的国家为主，在欧美地区的发展和建设还有待进一步推进，因此我国舞龙舞狮运动的推广还是任重而道远的。

三、我国舞龙舞狮运动的发展对策

（一）建立运动协会，促进各地区平衡发展

我国相关部门要予以高度重视，组建专门的龙狮运动协会，大力推进龙狮运动制度建设，完善相关协会的组织机构、工作机制和规章制度。改变过去一味依赖政府的传统管理模式，吸引社会组织机构的参与，通过多方协作，按照相关章程组织多样化的龙狮活动，充分发挥出运动协会的职能作用。与此同时，各省市相关部门也要加强交流与合作，做好关于龙狮运动技术骨干的培养，打造专门的地区龙狮运动培训基地，聘请专业的运动指导员，开设高水平的教练培训班，鼓励更多喜爱舞龙舞狮运动的社会群众积极参与，在这一过程中不断提高我国舞龙舞狮运动员的专业水平，有效促进各地区龙狮运动的平衡发展。[1]

（二）完善竞赛制度，促进龙狮运动规范化发展

要结合实际情况完善龙狮运动竞赛制度，对竞赛项目进行合理的分组安排。与此同时，立足于国际化发展的实际需求，做好对于龙狮运动竞赛内容的创新，积极开发一些高难度的新动作，对于器材和服饰上面也要予以高度重视。除此之外，结合当下龙狮运动发展情况，调整项目结构，进一步挖掘推广更多民间丰富多彩的传统项目，组织一些广大人民群众喜闻乐见的内容。并在此基础上优化比赛规则，调整比赛制度。不断开发新的比赛项目和竞赛形式，吸引更多的人前来参与。

---

[1] 李雄锋. 国内舞龙舞狮运动研究综述 [J]. 体育科技, 2019（06）: 55-56.

（三）关注教育工作，在学校中积极推广龙狮运动

关注龙狮运动相关方面的教育工作，做好舞龙舞狮运动在学校教学工作中的推广。针对这一方面的内容，高校要予以高度重视，结合地区实际情况，可以设置专门的体育课程，为青少年群体做好普及性教育，使其认识到龙狮运动在我国传统文化中的重要性。并能够在日常教学中将其贯彻落实到位，培养更多高素质、高水平的运动人才，进一步落实素质教育的目标。

（四）拓宽发展区域，结合乡镇社区开展龙狮活动

舞龙舞狮运动中含着深厚的民间乡土情怀，也是我国民俗文化中的重要组成内容。我国是个农业大国，农村地区群众居住比较分散，在文化建设上存在一定困难。对此，在日后的发展过程中，相关部门要有意识地拓宽舞龙舞狮运动在农村的发展区域，结合乡镇、社区积极开展各种各样的龙狮活动，以村民居委会为基础、农民体协为纽带，打造完整的具有辐射性的组织网络，将舞龙舞狮运动积极渗透于农民群众的日常生活和体育运动中，丰富其文化生活的同时，为其提供更加广阔的活动场所，使其可以成为农村文化发展过程中的重要内容。[①]

（五）注重传统文化，积极开展传统龙狮比赛活动

我国有着上千年的发展历史，在历史不断的演进中，龙狮运动也呈现出了多种不同的形式和规格，内容愈加丰富多彩，这也在一定程度上诱发了广大人民群众对于龙狮运动的多样化需求。但在当前多样化发展的同时，我们也必须要注重传统文化的渗透，不能忽视对于传统文化的挖掘和推广。对此，相关运动协会要有意识地结合传统文化积极组织针对性的龙狮比赛活

---

① 王永利，兰文婷.中国传统舞龙舞狮运动历史文化探索及传播[J].搏击，2011（01）：33-34.

动,如水上飞桩、传统的佛山狮、鹤山狮、麒麟、貔貅、人龙、框龙、荷花龙、水龙、板凳龙、草龙、单狮、群狮等,这些活动具有一定的综合性特点,集竞技和表演于一体。既可以满足大众健身和娱乐的需求,同时也能促进我国传统民族文化的进一步发展。

(六)注重商业开发,大力发展龙狮运动产业

在我国龙狮运动发展的过程中,为了更好地使其适应当前的社会环境,跟上时代发展的节奏,也要关注其商业价值的开发。对此,在南方龙狮运动的发展中,各省市要通过提高龙狮运动竞赛水平来开发训练竞赛及其附属产品,合理调整运动器材、服装等市场发展结构,保证舞龙舞狮运动的产业化发展。同时也可以促进龙狮文化与地区旅游产业的融合,借助传统民族体育文化丰富地区旅游资源,开展多样化的体育旅游项目,并利用新媒体加大宣传力度,吸引更多的群众游客前来体验。同时也要结合地区实际情况,适当拓展龙狮运动的新项目,积极组织多样化的社会活动,大力发展地区龙狮运动产业。

(七)加强对外交流,推进龙狮运动国际化发展

相关部门要积极贯彻"立足国内,面向国际"的方针,积极做好国内龙狮运动的宣传推广,同时也要加强对外交流工作,适当举办一些国际性的比赛,有目的、有计划地推进我国龙狮运动的国际化发展,争取使其覆盖更多的国家和地区,受到世界人民的喜爱和认可。

总而言之,舞龙舞狮运动是我国传统民族体育项目中的一项重要内容,也是传承我国传统文化的关键途径。随着当下社会经济的不断发展,文化交流的日益密切,我国龙狮运动在发展的过程中也受到了一定的阻碍。针对目前存在的相关问题,各地区必须要予以高度重视,相关部门要结合实际情况采取多样化手段为我国舞龙舞狮运动的发展和传承创造良好条件。在丰富其民族特色的同时使其以坚定的步伐跨上世界的舞台,为我国传统文化的传承与弘扬奠定良好基础。

第三节 威风锣鼓的传承与发展实践

一、威风锣鼓的由来

威风锣鼓，又名"锣鼓"，俗称"家伙"，是流行于山西省晋南地区的一种民间打击乐艺术形式。传说威风锣鼓起源于尧舜时期，历史悠久、源远流长，表演起来鼓声如雷、粗犷豪放；拨音清脆、荡气回肠；锣鸣镗镗、排山倒海，融音乐、舞蹈、技艺于一体，富有民族特色，体现民族精神，有"天下第一鼓"之美称。

威风锣鼓主要是由鼓、锣、钹、铙四种乐器共同演奏的结合鼓点节奏场面变化，做出种种舞姿身段的艺术形式。它形式多样，内容丰富，融汉族体育、音乐、舞蹈、技艺于一体。[1]威风锣鼓鼓者打鼓时展现出团结协作的精神，展示出豪放不羁的性格、释放出朝气蓬勃的气势，各方面都体现出了被黄土高原滋养的生活在北方人民的豪放性格。威风锣鼓在民俗学、社会学、历史学、美学等研究中，都显示出自己特有的研究价值和学科内容。2006年5月20日，经由山西省申报、国务院审批的正式流程下，"威风锣鼓"被文化部列入第一批国家级非物质文化遗产名录。自此，"威风锣鼓"成为国家级非遗，临汾被誉为"锣鼓之乡"，威风锣鼓也被誉为"天下第一鼓"。

威风锣鼓由临汾人民创造，流传于临汾地区，经过千年历史文化沉淀，由临汾人民世代传承，并且依附于临汾人民各种节庆、盛典。同时威风锣鼓是集生活化、集体性、模式化、传统型为一体，从体育功能看具有强身健体功效的活动，它对练习者的肩肘、腰腹、上下肢协调及柔韧都有极大地益处，打鼓时，鼓通过震动效应对人体产生震动并进入人体，对人的身体状态调节及大脑意识提升也有良好的帮助。威风锣鼓不仅是我国优秀的民间技艺，它也是独具特色的属于优秀民俗体育的项目。

---

[1]杨丹.晋南威风锣鼓的传承与发展[J].艺术评鉴，2018（08）：165-166.

二、威风锣鼓的文化特点

（一）多元性

威风锣鼓诞生于农耕文明，是汉族劳动人民日常生活劳动的结晶，在五千年的历史文明的灌溉下，威风锣鼓吸收历史文明精华发展，成为我国独特的民间传统艺术。时代不断进步发展，威风锣鼓在保留着本身传统艺术的前提下，添加了体育、舞蹈、音乐等元素，武术动作的加入为威风锣鼓的艺术形式增添了新的文化内涵，威风锣鼓出现了与其相适应的民俗体育文化。

（二）地域性

临汾也称"尧都"，地处黄河之畔，壶口之边，地形为高原地形——黄土高原。黄土高原是中华民族发源地之一，独特的民俗风情形成了独特的民俗艺术，威风锣鼓成为黄土高原中独特的民俗艺术代表之一，独特的地域养成了北方汉子淳朴、豪迈的性格特点，威风锣鼓的表演内容及表演形式也展现了当地人民的性格。尧文化的精神内涵中孕育着威风锣鼓丰富的民俗文化内涵，威风锣鼓的民俗文化内涵形成离不开尧文化及黄河文化的滋养。因此，地域性是威风锣鼓的一大特性。

（三）传承性

威风锣鼓从临汾人民生产劳动中产生，是临汾人民生产方式与生活方式的真实写照，从威风锣鼓的发展历程来看，封建社会主要出现在祭祀、祈福活动中，威风锣鼓成为民间重大节日中不可缺少的庆祝活动，但在它的变化发展中始终秉承着活动规则、方式及活动功效，这些都是临汾人民在历史发展过程中传承总结下来的。威风锣鼓的发展体现了民俗体育传承的特性。

（四）多样性

威风锣鼓还体现了技巧的多样性，威风锣鼓分为挎鼓、架子鼓与阴阳鼓三种，这三种鼓对于表演技巧及动作组合的要求也不尽统一，同时队形的变换也结合了中国传统文化中的平衡、和谐之意，所以威风锣鼓在外显文化意义上体现了中国传统文化的和谐平衡之美，同时也展现了个体形式多样，内容丰富，突出了个体民俗性质及体育运动性。

三、威风锣鼓的现代体育价值

（一）强健体魄，娱身娱心

民俗体育在发掘人的体能、增强体质，强健体魄方面有重大作用，民俗体育不仅为个人生活提供需要，同时在维系民族生存、促进地区节庆活动发展方面意义重大。威风锣鼓是具有独特地域风格的一种民俗体育活动。其中表演乐器里的钹、锣、铙是由响铜制作，每个直径大约在40厘米，每个重量大约4.5斤。鼓作为重要的表演器械，高度大约有35厘米，直径大约有60厘米，重量大约有20斤。长久以来威风锣鼓的表演器械，始终保留着最原始的形式并无改变，因此，参加者必须要有着强健的体魄，这也是最初的参加者只有男性的原因之一。

从威风锣鼓的基本动作看，马步掏打、弓步蹲打、马步挽打等作为鼓手动作，变换的腿部动作要求参加者要有强大的腿部力量及腿部灵敏度才能够配合表演的进行，其中也表明在表演内容中，武术动作中的弓步、马步等动作参与度极高。因此可以看出，威风锣鼓与武术的匹配度很高。

从威风锣鼓的军事起源来看，军事战争中的演练也是武术形成的历史渊源。古代的军事战争中威风锣鼓也和武士有着同根同源。作为华夏之根的山西临汾，自古就是兵家必争之地，崇勇尚武风气盛行，威风锣鼓中融入了武术的基本步型，并形成独特表演风格，比如刚劲有力、协调洒脱、张弛有度。钹、锣、铙等器械用手及手臂同样配合腿部动作进行，能够有效地锻炼到手部小关节及上肢肌肉力量，并且能够对于肩肘治疗有好的疗效。在表演中，讲究手、眼、身、法、步、精、气、神协调一致，相互配合，也有效地锻炼了上下肢配合，大脑神经元支配运动神经，进行全身协调配合的统一。

由于表演场合不同，时间安排也不尽相同，最短时间的一场威风锣鼓大约3分钟，在表演过程中，表演者有着强大的身体能量消耗，同时表演者会根据表演的节奏进行呼吸，在强大的身体运动强度下，表演者有时会高亢呐喊，这时极大地锻炼了表演者心肺功能。[1]击鼓时，鼓随之与身体形成一种和谐的运动节律，在身体外部进行运动的同时，我们身体内部同样感受着震动与放松，鼓声促使大脑下部与前部协调一致。威风锣鼓不仅锻炼着练习者的外在身体健康，而且也对练习者的内在心理和精神起到了协调放松的作用，能够带给练习者身体健康与心理健康的双重效力。

威风锣鼓是一种集体性表演项目，同时它也是结合力与美的一种艺术形式。在现代社会中，经常出现在民间社火、节日集会、喜庆典礼等场合，表演者根据曲牌、鼓点表现各种勇猛的姿态，同时表达内心的娱乐欢快。动态的节奏与鼓点渲染着表演者内心的奔腾与畅快，表演者双臂双膝进行律动，也形成了威风锣鼓的表演韵律，持铙者随律动双手各持一片，内合外翻气势充足。持锣者随律动一手推举，一手转槌，融合交汇，音律十足。给观赏者一种气势恢宏，整齐划一的美感，给表演者带来身体与心灵的和谐统一。

（二）人鼓融合，美轮美奂

威风锣鼓是人鼓协调统一，音乐加以点缀的高超艺术形式，具有极高的艺术审美价值。

"鼓"在表演中处于核心位置，有着协调作用；"锣"音稳健，声音有力，属于低音但共鸣性强；"钹"音号召力强，起领奏作用，属于高音穿透力强；"铙"音层次分明，起和声作用，声音厚实饱满。这四种乐器交响合奏给听者震撼、完美的感觉。

从威风锣鼓的运动形式类型来说，主要分为两种形式，即广场式及沿街式。广场式顾名思义是在广场上的形式，主要是指固定场所的练习方式。阵

---

[1]黄志高.尧都区威风锣鼓的健身价值探讨［J］.搏击·武术科学，2015，12（12）：75-77.

型有雁阵、方阵、圆阵、梅花阵等。由于鼓的重量较重，对鼓手身体素质要求比较高。所以鼓手位于中心位置，移动范围小，不进行长距离前进，这是威风锣鼓运动形式中最常见的形式。威风锣鼓表演者时而聚拢，时而分散，聚是一团火，散是满天星，在广场中是独特的一抹风景，同时增强人们的情感，锻炼了大家团队协作能力。沿街式无固定场所，出现在集会、节日、社火等活动中。鼓手位于中间，铙手、锣手在左边，钹手在右边，行进中击打，遇到其他鼓队，两队进行较量，场面威武。队形的变换展现出我国传统文化中的对称、和谐、天人合一的审美元素，表现出起伏、对比之美。

（三）全民健身，竞技精神

在古老的东方文明中，中国文化独树一帜、延绵不绝，在中国文化中传统节日的形式丰富多样。同时威风锣鼓也在中国传统节日中成长起来，每年的正月初一及正月十五，也就是春节与元宵节，威风锣鼓的风采可略胜一筹，在临汾当地有这么一句话"无锣鼓，不过节"，也说明了威风锣鼓在临汾人民的心中有着重要的地位。

威风锣鼓是群体性的一种表演性活动，在临汾有这么一句话"村村有锣鼓，村村有鼓队"，这句话也是名不虚传，每年新年前期，各村鼓队就开始热热闹闹地准备新年元宵节及庙会比赛性质的表演。在正月十二左右，在本村进行"社祭"活动。正月十五元宵节可谓是威风锣鼓的盛宴，各村派参赛队伍轰轰烈烈地向集结地出发，气势如同古代出征队伍开拔，浩浩荡荡。在行进路途中遇到行人多的地方会原地表演起来；另一种情况是在行进途中遇到其他鼓队，两队气势汹汹，一场精彩绝伦的"斗鼓"比赛就开始了。两队互不相让，拿出自家的绝活做各种高难度技巧，鼓声绝活互相交织，但是每支鼓队又能保持自家的鼓点清晰、响亮。[1]在比赛中，如若一支鼓队被另一支干扰，鼓点混乱被评为败方，败方要主动让路表示尊重。这精彩的比赛无时无刻不表现出强烈的竞争意识及胜负心。这种场面的原始形态犹如古代战争的原始竞技。但是威风锣鼓所彰显的更是一种激烈场面但并不展示激烈肉搏的竞技气势。在队伍到达集结点后，一家一家的威风锣鼓比拼就正式开始

---

[1]秦亚楠.山西临汾地域环境中的民间舞蹈［D］.西安：陕西师范大学，2015.

了，在表演中，随着鼓点的变换，队伍时聚时散，如同古代战争场面沙场点兵的战士，井然有序，疏而不漏。每个人都在为集体的荣誉而挥洒着热血，为荣誉而战。

（四）寓教于乐，弘扬传统

民俗体育中孕育着深厚中华文化，威风锣鼓作为民俗体育项目同样孕育着深厚的中华文化精神，尤其是其中孕育的武术精神，对现在社会具有重要的教育价值，"仁义礼智勇"作为武术文化的精髓，在威风锣鼓中也体现得淋漓尽致。它也成了民俗体育活动的准则，对民俗体育文化的充实有巨大作用。对此，学校体育与民俗体育联动发展也是非常必要的，威风锣鼓进校园对全民健身及全面推进素质教育也有极大意义。从事威风锣鼓活动不仅锻炼了身体，而且还可以激起人们对中华传统文化的向往，从而养成健康的意志品质。

（五）促进经济，增进交流

伴随我国商品经济的不断发展和体育产业路径的不断拓宽，威风锣鼓所呈现出的经济价值也随之显现。威风锣鼓民间基础深厚，本身就广泛用于婚庆、节庆、开幕式、周年庆等。在开业庆典活动中，有广泛的市场需求，并且有着突出的市场价值。威风锣鼓的演出增多，就需要更多从事演出的人员，也就增加了当地的就业机会，这样当地经济随之发展。这一系列的良性连锁反应，不仅增加威风锣鼓的宣传，而且也促进当地经济发展。

临汾素有"华夏第一都"的美称，丰富的文化底蕴使它开发旅游资源更具优势。而威风锣鼓所附带的商品化产品（比如工艺、演出服饰等），对于临汾地区的旅游业也增色不少，为临汾地区带来相对可观的经济收入，促进当地经济的发展。

从个人层面上讲，威风锣鼓的活动是整体的活动，需要人们的共同配合，大家一起锻炼敞开心扉增进彼此友谊，享受活动，充盈内心。威风锣鼓的发展不仅为临汾社会文化的发展及经济发展起到重要的推进作用，而且还促进了国家与国家交流，有利于各地区、各民族积极交流，合作共赢。

四、威风锣鼓的传承

（一）基于商业演出的传承

根据我国的传统习俗，商家在开业、周年、节日等庆典活动中，通常会举行锣鼓、歌舞等表演活动，吸引消费者的目光，而威风锣鼓这种打击乐表演形式，具有朝气蓬勃的特点，并且在表演过程中融合了舞蹈、音乐、技艺这三种表现力极强的表演形式，使其具备丰富、充实的视觉、听觉表现效果，正好迎合了商家活动演出的需求，因此，威风锣鼓经常用于商业演出活动表演中，体现了红红火火、财源广进的寓意。在此过程中，由于商业区域中的流动人口较多、密度较大，而这部分人员的主要活动目的是进行消费，但其被表演吸引后，会对威风锣鼓产生深刻的印象，能够提高该种曲艺形式的知名度和影响力，实现了威风锣鼓的传承。此外，商演作为威风锣鼓从业者收入来源之一，使该项曲艺形式具备一定的满足从业者基础物质需求的能力，形成了从业者继续从业的动机，促进了威风锣鼓的传承。

（二）基于民俗活动演出的传承

一般来说，威风锣鼓参与的民俗活动主要分为两类，即丰收庆祝活动和庙会祭祀活动，人们通过这两种活动能够在娱乐身心的同时，认识到威风锣鼓这种曲艺形式，实现了艺术文化的传承。在丰收庆祝活动中，人们为了表达丰收的喜悦心情，以及对来年丰收的美好期望，通常会采用威风锣鼓这种欢快、有朝气的曲艺形式，来营造热烈、欢快的氛围，使人们暂时地从繁重的农业劳作中解放出来，充分地放松身心。而在当前科技水平下，以农业为主业的人群数量急剧减少，让这种以农业为核心的民俗活动逐渐没落，降低了威风锣鼓的传承效果。随着传统文化的逐步复兴，使人们开始对传统的庙会、祭祀活动产生兴趣，同时也为威风锣鼓的传承提供了机遇。

（三）职业传承

职业传承作为一种典型的社会传承模式，对于威风锣鼓来说，其在传承动机方面，基本只要求兴趣因素，不考察学历、经验等常规就业所需条件，学习者凭借主观意愿，即可向当地的专业教师求学，并逐步走向职业化的道路。一般来说，传统的威风锣鼓培训侧重"一对一""口传心授"的模式，而基于当前的文化水平以及信息技术水平，培训的效率得到了大幅度提高，使威风锣鼓这一职业的从业学习变得更加触手可及，加快推进了该传统曲艺形式的职业传承速度。同时，旅游业、服务业的飞速发展以及传统文化的复兴，使得威风锣鼓表演这一职业具有更加广阔的就业空间，增加了该领域的从业者容纳量，扩大了威风锣鼓的传承广度。

（四）家族内部传承

家族传承方式是我国传统曲艺的主要传承方式，在我国传统曲艺形成的早期阶段，人们通常会坚持没有血缘关系技能禁止外传的理念，导致从近代到现在各种传统曲艺形式的不断没落和消失，因此在传统社会下，家族的繁盛与否会直接影响到威风锣鼓的传承。但从目前来看，在1949年后，人们的思想不断解放，截至目前，大部分群众的思想早已挣脱了传统刻板教条的约束，并逐步接受了来自外界的新思想。因此，家族传承这种威风锣鼓的传统传承模式，已经演化成以兴趣、从业需求为中心的现代家庭教育培养模式，并且其传承规模早已不受血缘关系制约，使得威风锣鼓传承的广度和深度不断发展，为我国传统艺术文化的复兴奠定了群众基础。此外，家族内部传承这一威风锣鼓的传承渠道，能够让年轻人更加深入地接触这种艺术形式，而借助现代年轻人活跃的思维以及强大的行动力，该项曲艺形式很可能会迎来更好的发展。

（五）媒体传承

在信息时代的背景下，媒体的类型已经不仅局限于报纸、电视、广播这三种形式,而且正逐步向互联网、通信等信息技术层面发展,使得当前信息传播媒体呈现出了多样化、高效化的运行状态,而现阶段热度较高的汉服文化、唐服文化,在很大程度上依赖于信息技术,才得以复兴和发展。威风锣鼓作为我国优秀的传统曲艺文化形式,新媒体在其传承上的介入,能够使该项曲艺文化重新焕发生机。在此过程中,从业者通过短视频、微博、网络节目等新媒体信息传播渠道,可以向更多的人展示威风锣鼓,使该项曲艺形式得到传承。此外,在教授传承方面,专业教师还可以基于新媒体,以网课的形式,向更多热爱传统曲艺的学习者,传播威风锣鼓的知识,实现信息化的传承。

五、威风锣鼓的发展

(一)时代化创新发展

在威风锣鼓的传承中,从业者为了谋求发展,在传统曲艺形式的基础上,进行了服装、演出形式等方面的创新,使该项曲艺形式更符合当前人们的欣赏偏好,实现了威风锣鼓与时俱进地创新发展。在此过程中,虽然部分锣鼓队在表演服装上依然沿用传统的服饰,并且保持了原有的曲牌,但由于信息技术、商业等元素的介入,其表演形式正从传统的以祭祀为主,逐渐转变成了线上展示、商业表演等多样化的模式,准确迎合了当前人们获取信息的习惯和规律,实现了威风锣鼓现代化的发展。

在此过程中,针对人们休闲方式的变化,庙会等大型活动中的威风锣鼓的表演也逐渐开始增多,同时,网络视频在配乐上,也经常会使用威风锣鼓曲,使这种极具表现力的艺术形式,为人们留下了深刻的印象,促进了该项表演形式的信息化、休闲化的创新发展。

(二)校园化发展趋势

威风锣鼓校园化的发展趋势主要分为两个层次,即专业教学规模的校园化以及传承的校园化。其中专业教学规模的校园化是指在当前传统文化复兴的背景下，威风锣鼓教学已经从传统的家庭、师徒等小规模教学模式，转变成了现代校园化的大规模、正规化教学模式，形成了该项曲艺形式的校园化发展趋势。本着弘扬传统文化、发展威风锣鼓文化的理念，诸多学校构建了培训基地，为广大的威风锣鼓爱好者提供了专业的教学服务，推进了该项曲艺形式的校园化发展。而在传承校园化层面上，各高校正在积极组织学生体验威风锣鼓文化，使其能够全面、深入地了解中国传统曲艺文化，以期为威风锣鼓的发展注入更加鲜活的动力。

（三）政府政策支持下的发展

威风锣鼓作为我国非物质文化遗产之一，政府秉承复兴传承传统文化的理念，不断地向威风锣鼓艺术领域注入资金和政策，促进了其在政府政策支持下的发展。在发展中，政府评选出了威风锣鼓的传承人，并投入资金政策，积极开展了威风锣鼓相关的活动，使更多人认识到了该项艺术形式，促进了威风锣鼓的可持续发展。以2019年在石家庄举行的中国北方鼓乐文化交流展示大会为例，此次大会邀请了山西临汾威风锣鼓队前来参与展演，并与其他16支队伍进行了同台竞技，向观众充分展示了威风锣鼓的曲艺文化，而且威风锣鼓队在此次同台竞技上获得了"最佳风采奖"。[①]

（四）与旅游业的融合发展

在我国企业转型升级的背景下，旅游产业获得了优质的发展机遇和资源，同时，文化旅游的兴起，使得威风锣鼓有机会参与到旅游产业的建设中，实现了其与旅游业的融合发展。在此过程中，威风锣鼓作为一项特色表演项目，并能够凭借其自身在表现力与文化底蕴上的优势，迅速吸引游客的注意力，而且，还可以活跃旅游活动氛围，为游客带来优质的休闲体验。此外，威风锣鼓与文创产品的融合，能够使该项曲艺文化以景区文化艺术品的形式传承和发展，而且能够为景区创造新的收益渠道。由于威风锣鼓历经了

---

① 张文丽. 中国传统民族文化的传承与发展——以丝弦锣鼓为例［J］. 大众文艺，2019（22）：51-52.

四千年的文化传承,因此其具备深厚的文化底蕴,景区可以借此开办主题博物馆,来深化其与旅游业的融合发展,提升了威风锣鼓文化的整体发展水平。[1]

(五)在全国大舞台上的发展

威风锣鼓作为我国的传统曲艺文化,已经成为一个重要的文化符号,锣鼓队通过积极参与全国性的比赛,向国内各民族、各地人民展示蓬勃有朝气的文化面貌,弘扬传统文化,并实现自身在全国大舞台上的发展。在此过程中,各锣鼓队通过不断地学习和发展,充分展现出了威风锣鼓艺术的底蕴和内涵,全面强化了威风锣鼓的影响力,促进了其在国内的优化发展,例如,在第十三届中国民间文艺"山花奖"优秀民间艺术表演评选活动中,代表威风锣鼓文化的临汾锣鼓队入围了"山花奖",在全国大舞台上充分展现了威风锣鼓的风采,加快推进了威风锣鼓艺术文化的发展进程。[2]

第四节 毽球的发展与实践

毽球运动在我国有近千年的历史,其中也包含了我国民族精神。近几年我国复兴计划得到了相应的推进,这也进一步扩大了毽球的发展空间,被我国人民传播到了世界各地。因为毽球运动其健康价值、娱乐价值和群众基础较高,吸引了众多群众参与。而且毽球运动还具有一定的观赏价值,这也需要相关人员深入挖掘毽球运动内涵,并不断传承。

一、毽球运动的发展和流变

毽球运动是我国的民族传统体育项目,历史较为久远,也属于我国民族文化遗产。毽球在流传中不但作为传统体育项目,其中还包含了一些实践精神和理论内容,这些毽球运动的特色形式也能够将我国民族文化展示出来。

---

[1] 王星荣,王潞伟.明代前期山陕梆子的衍变和对锣鼓杂戏的继承——山陕梆子简史(二)[J].戏友,2019(05):7-11.
[2] 杨丹.晋南威风锣鼓的传承与发展[J].艺术评鉴,2018(08):165-166.

毽球运动有两种起源说法，其一是从黄帝时期开始，被黄帝创造出来，那时将毽球运动作为一种习武的器具。其二是从箭开始，辅以金石之质，作为毽球。但是这种说法没有实际佐证，同时毽球和箭不同，这也降低了其可信度。踢毽子起源于汉代，在六朝盛行。在唐朝《高僧传》中曾表示过踢毽子的内容，这也显示出了当时踢毽子活动已经在社会中流行。

直至宋代，踢毽子活动的发展范围在不断扩大，也将其定名为毽子。因为在宋朝受到蹴鞠的影响，这也使毽球运动中存在一些足球元素，在进行毽球运动的时候会使用一些足球技巧和动作。其次毽球也开始作为商品进行销售，直至明清两代，毽子已经成为喜闻乐见的运动项目，不但可以通过踢毽子来强身健体，还可以通过踢毽子进行养生。清朝末期属于踢毽子运动的发展高峰，踢毽子已经可以和琴棋书画相提并论。毽球是以踢毽子为基础演化而来的，在踢毽子的时候具有一定的趣味性和观赏性，而毽球则具有较好的对抗性，其中不乏其他球类运动的影子，比如羽毛球的场地、足球的技术和排球规则等。在20世纪30年代，我国就开始出现一批踢毽子的运动员，这些技术较高的运动员不但使踢毽子得到了普及，还使踢毽子的技术得到了相应的提升，丰富了踢毽子的技巧，一些高难度动作不断出现，也开展了踢毽子比赛。我国在20世纪90年代将毽球运动作为正式比赛项目，还组织了国家毽球比赛。毽球运动也在相关政府和体育部门的倡导下实现了不断发展和进步，我国各个省市逐渐开始组织毽球运动，而毽球运动也从这时深入到了大众生活中。

二、毽球运动的意义

（一）毽球运动具有科学性

毽球运动种类丰富，在刚开始学习毽球运动的时候，需要从简单动作缓慢过渡，这种学习形式不但迎合了人体生长特点，还迎合了人体动作形成的实际规律。在开展毽球运动的时候，参与者可根据自身的情况和客观因素等控制运动强度和运动量，这样可以为其有氧耐力锻炼奠定基础。促使参与者新陈代谢和供血能力得到增强，一些经常参与毽球运动的人，可以有效控制时间和空间。毽球运动可以提升关节灵活度，增强身体柔韧性。

（二）毽球运动具有技巧性

毽球运动中有一定的包容性和艺术性，踢毽子的主要动作是利用腿部，可以使用不同的方式，如盘、拐、磕、蹦等。"盘"就是使用脚部内侧进行交踢，"拐"则是使用脚部外侧进行反踢，"磕"是利用膝盖将毽子向上弹起，"蹦"就是利用脚尖踢毽子。基于毽球运动形式来进行分析，毽球运动要领想要充分掌握相对较难，因此就需要对基础动作充分掌握，只有这样才能为动作要领的领悟做出保证。

毽球运动具有一定的游戏性和竞技性，在毽球运动标准中没有年龄限制，这也使一些老年人可以参与到毽球运动中来。其灵活性相对较强，因为毽球运动人员流动性较大，这也让运动时间可以和空间相交错，融合一些艺术技巧以及审美情趣则会将毽球运动中的艺术特点展示出来。[1]

（三）毽球运动具有娱乐性和和谐性

毽球运动种类丰富，娱乐性相对较高，这也直接冲击着大众的感官系统，能够激发大众的参与积极性。从而陶冶情操，提升参与者的整体素养，更好地锻炼身体。毽球运动较为简单，对于练习场地没有固定标准，同时毽球运动不限制年龄和人数，这也让群众可以在平时锻炼中降低投入。少数民族中添加了毽球运动，这也扩大了毽球运动在我国的运动范围。

近几年来，毽球运动的发展速度不断提升，同时毽球运动以其独特的方式和特色也将民族精神融入其中，加速了文化交流。随着我国社会的进步，社会问题的增多，使得人们的心理容易产生一些问题。而毽球运动的出现，也能解决部分现代人的心理问题。这是因为在开展毽球运动的时候，不但能够扩大其交际范围，也可以增强其心理活跃性。一些集体性的毽球运动需要参与者们相互交流学习，这样不但积累了默契，还培养了友谊，有利于社会和谐。

---

[1]王效良.毽球运动的流变与传承研究［J］.文体用品与科技，2017，16（16）：49-50.

三、毽球运动发展的挑战

毽球项目在获得上述机遇的同时，也面临着巨大的挑战。毽球需要面对以下挑战。

（一）各级公共服务组织与基层诉求落差较大

首先，协会组织管理体系中，已经形成由中国毽球协会牵头，20个省级协会组织推进的项目组织结构，但在落实具体服务工作中，以省级协会组织为例，其组织成员基本上由竞技水平较高的毽球参与群体负责相关工作。因为组织、参与省级与国家级相关的赛事任务重，且多为兼职，在活动组织与推动方面存在着与更广泛地参与群体需求断档的现象，表现为省级协会在组织结构建设方面相对积极，活动组织的主体对象以门槛较低的平踢毽球参与者为主。在参与人数占多数的围踢等项目中，组织与规范的积极性不高，服务意识不强，且等政策、等拨款、等通知的现象普遍存在。另一方面，各省级的协会组织在区域联动方面，还停留在较为初级的互助阶段，存在闭门造车现象。

其次，在活动体系方面。作为一项传统健身项目，群众参与广泛，与此相对应的是各基层组织效果与效率不高，活动主动性与创新性不足；特色抓手不突出，同质化的活动较多，多层次的服务意识还没有形成；参与活跃群体的年龄结构落差较大，青少年参与积极性较低。另一方面是各地之间的活动交流规范性较差。区域联动与全国一盘棋发展已有规划与行动，但与成熟项目的规范有序推广还有较大距离。

再次，区域发展不平衡。经济发展与毽球项目发展的层次与规模有相关性，以广东为代表的珠三角地区与宁夏为代表的西部地区形成了鲜明的对比。毽球区域联动较好的有江苏为代表的长三角地区、山西为代表的中原地区、辽宁为代表的东北地区、河北为代表的京津冀地区。全国范围的各区域活动各具特点。以中国毽球协会多年的"西部行"为例，也是依托发展较好的挂牌单位，以项目技术人员培训与项目高水平展示为主要抓手，对西部进行毽球项目推广。总体上以广东为代表的南部地区项目发展较为规范，以宁夏为代表的西部地区受限于经济发展与人口密度等现实状况，在参与人口规模与影响力方面的差距明显。

（二）毽球运动人口年龄出现断层

调研发现，毽球运动参与人口出现两极化，以小学生、中老年人居多。青少年是毽球项目可持续发展的根基所在，这一观点得到调研对象的一致认同。青少年在参与毽球项目的活跃度方面却存在特色发展的单位高度活跃（如中国毽球协会挂牌单位），全国范围内青少年在毽球项目各相关活动参与上黏性差，各层级协会组织活动中青少年参与积极性不足。由于缺少完善的专业运动员等级与运动水平等级认证体系，现有毽球项目全国活动体系参与的可持续性不强。毽球活跃人口的年龄断层表现为全运会毽球项目参与的中年组代表队多于青年组代表队。

（三）毽球运动在文化输出方面存在供给不足

毽球运动产业化发展是其形成自我造血能力的必经之路，毽球项目体育文化消费等市场供给需要是形成产业的基本条件。当前，毽球运动已经初步形成了以毽球项目参与者为受众的相对固定的产业链。在此过程中，由于短视频平台及直播快速发展，以毽球技术、产品或平台推介为主要表现形式的自媒体经营也形成了一定的规模。传统的毽球赛事服务以及大众健身业的产业链，相对薄弱，相关的产品技术标准开发和科学健身指导与毽球参与者的诉求还有较大的距离。在体育产业化发展相关的体育旅游业、体育场馆运营以及体育中介产业，如体育广告商、体育赞助商和体育保险业等方面，毽球项目与羽毛球等成熟项目相比还有巨大的差距。

毽球作为中华传统体育项目，在挖掘自身文化属性，弘扬文化自信方面，尤其是国际交流与推广方面，虽有国际毽球联合会的组织优势，在塑造中国文化符号和文化标识的毽球文化建设方面，没有创建较有影响力的品牌。在主动发力及与其他部委联合发力上缺乏抓手，这与毽球产业总量偏小，竞争力不强有直接关系。总体而言，毽球运动文化输出薄弱。

四、毽球运动现代化发展的优化路径

2021年,"毽入全运"为毽球项目在"十四五"开局之年迎来了新的发展起点,尤其是在当时疫情的考验之下,毽球活动参与不受时间、空间影响的便利性与根植于民族精神深处的文化黏性,使得毽球成为当时居家健身的常用方式之一。今后如何发挥"毽球力量"推动全民健身和全民健康深度融合,助力"体育强国"和"健康中国"建设,乃至在促进中华传统文化自信方面,都具有重大意义。

(一)管办协同的制度治理路径

如今,中国体育体制改革正处于管办分离的转型期。对各省市毽球协会负责人的调研表明:国家全民健身计划中,政府宏观管理和政策支持与各省市、区域毽球协会发展需求之间存在隔阂,从而使国家政策不能有效地落地生根、开花结果,而地方毽球协会也各自为政、封闭管理,自上到下没有形成合力,直接影响了毽球参与主体的热情。[①]

因此,在今后的发展中需要多部门联合发力。具体路径与措施包括以下几个方面。

①进一步强化党的领导,切实推动各级各类毽球协会党建工作的落实,完善相关监督评估机制;强化在各竞赛与活动体系中的临时党支部建设,提升中国毽球协会在业务体系中金字塔式的层级管理效能,完善竞赛、培训、交流、协作等服务相关制度建设;完善共产党领导下的协会各分支机构、专业委员会建设,明确相应的工作制度与目标要求,切实发挥分支机构的专项功能、专业委员会的技术保障作用,实现各地毽球协会规范化、集约式管理与发展。

②结合各项国家相关政策,完成毽球项目配套政策落地的制度监督机制。建立地方与社会力量对项目发展瓶颈问题的反馈与推进落实机制;充分发挥中国毽球协会在业务指导方面的优势,规范毽球项目在地方与社会团体

---

① 汪晓鸣.我国传统武术发展及其研究[M].北京:中国原子能出版社,2015.

中的有序开展；建立健全参与者包括法人实体对服务供给的监督机制。

③强化毽球项目志愿服务体系建设。根据全运会对毽球运动员的调查显示：87.16%的运动员愿意义务到中小学进行毽球项目的普及和推广工作；85.78%愿意义务做毽球运动的社会体育指导员。[①]因此，需要完善毽球项目志愿者、高水平运动员、健身社会指导员以及裁判技术人员等的联动体系，规范个体参与毽球志愿服务的内容与流程；明确各级各类毽球项目法人志愿服务项目与平台建设的内容与评价；在不同层次与人群的毽球服务需求中建立可持续、高质量的组织与人员志愿服务体系。通过上述多部门管办协同的制度治理，从宏观和中观层面对接国家政策的有效实施。

（二）体教融合的技术服务路径

竞争价值的介入是传统体育现代化的核心[②]，而竞技人才的培养是传统体育竞争价值的主体体现。《深化体教融合 促进青少年健康发展意见》是新时代国家深化具有中国特色体教融合发展，推动青少年文化学习和体育锻炼协调发展，促进青少年健康成长、锤炼意志、健全人格，培养德智体美劳全面发展的社会主义建设者和接班人而作出的重要举措。

目前，毽球运动后备人才培养渠道还较为单一，主要表现为：现有招生政策《2022年普通高等学校运动训练、武术与民族传统体育专业招生管理办法》中第三条"武术与民族传统体育专业所设项目"以及第四条符合报名条件中的"具备第三条所列项目之二级运动员（含）以上运动技术等级称号"中均没有毽球项目。这从一定程度上限制了毽球后备人才的可持续培养与选拔。

因此，依据《深化体教融合 促进青少年健康发展意见》的通知精神，在今后的发展中健全毽球运动"一条龙"的人才培养体系是当务之急。具体路径与措施包括以下几点。

①纵向衔接，促进运动技能有序提升，为毽球高水平运动员打通升学通道。加强毽球传统特色学校和高校高水平运动队建设。按照"一校一品"

---

①汪晓鸣. 我国传统武术发展及其研究［M］.北京：中国原子能出版社，2015.
②潘怡，姚绩伟，祝慧雯. 新时代民族传统体育文化内涵价值及现实困境探究［J］.南京体育学院学报，2021（4），72-80.

"一校多品"的学校体育模式建立评定和培训机制,鼓励和加大高水平毽球运动员、教练员、裁判员进校园的普及和培训;体育部门尽快出台毽球运动员等级标准,打破高水平运动员在体育单招与高校高水平运动队建设方面的政策障碍;以立德树人为根本目标,在各级各类活动全过程开展毽球优秀传统文化教育展示体系建设;通过综合运动会的展示平台,增强中华传统体育项目在学生文化自信与终身体育意识建立中的引导作用。

②横向联合,打造校园品牌体育赛事。依据"教育、体育部门为在校学生的运动水平等级认证制定统一标准"的要求,进一步整合、完善青少年校园毽球竞赛认证体系,建立分学段、跨区域的赛事体系,打造"品牌赛事+阳光赛事"的中华传统体育项目竞赛体系。

③充分发挥毽球特色高校在人才培养、科学研究、社会服务、文化传承创新和国际交流合作的平台与资源优势,构建一批高水平毽球应用人才培养平台,为更进一步的毽球学院建设提供前期实践。通过上述措施,进一步建立毽球运动在学校体育范围内体育教学、训练、竞赛一体化的体教融合路径。

(三)术道融合的文化输出路径

长期以来,以科学认识论为导向的体育学科只注重手段,不重目的;只注重结果,不重过程。社会的巨大变革引起民族传统体育文化传承的工具理性逻辑导向逐渐凸显,价值理性逻辑导向衰退。引申到体育教学、训练、比赛中就会产生只重"技术"不重"文化","术""道"分离的现象。如今,在中国社会的现代化发展进程中,工具理性逻辑下的民族传统体育传承已经不能满足其自身发展的需要,价值理性逻辑的回归已成必然。[1]中华传统体育植根于中国传统文化,蕴含着中华民族特有的民族气质和文化品格。"厚技薄道"严重弱化了中华传统体育对民族精神的培育。"术道融合"是中华传统体育独特的身体教育智慧,因此,"由技入道、术道融合"的价值理性回归是新时代中华传统体育培育民族精神的传统再造。

毽球运动应坚定不移地走"术道融合"的文化输出路径,实现中华民族

---

[1]刘合智,李献青.工具理性与价值理性:民族传统体育文化传承的内在逻辑论绎[J].西安体育学院学报,2021(2):205-209.

传统体育的文化自信。具体路径与措施包括以下几点。

①加强毽球文化建设，提炼毽球文化内涵和毽球精神。今后，应搭建多方协同平台，加强与相关部委的协同，扩展具有中国文化符号和文化标识的毽球文化，将宣传展示上升到战略性位置，打造具有中国特色和文化符号的毽球文化品牌活动，完善毽球作为中华优秀传统文化的名片建设。

②夯实毽球在新时代中国传统文化"全面复兴"中的作用。多渠道引导毽球参与者以优秀传统文化活动平台为抓手，以健康与文化市场为引导，鼓励毽球参与者在各级各类文化与健身活动中积极有序地发挥"小我"的主体作用；结合学校体育推广中华传统体育项目传承力量、展示活动，充分发挥校园文化传承与创新优势，着力提高毽球文化传承与发展的质量和水平。

③加速以毽球为载体阐释"中国梦"的项目建设。以"推动中国传统体育项目的国际化发展为目标"，依托国际毽球联合会主席国优势，以中华传统体育项目毽球国际发展的文化认同为抓手，有序参与各种相关体育文化交流活动，巩固亚、欧、美洲的开展，填补澳洲、非洲参与空白，弘扬中华传统体育文化精神，推动毽球运动在全世界范围的传播。

第六章
民族传统体育的文化融合与共享

第一节 民族传统体育的文化认同

中国是一个统一的多民族国家,在长期的生产与生活过程中,不同民族之间的体育行为出现迥然不同。各地域内由于生态环境的影响,人类自身所创造的民族文化是造成不同民族各具特色的体育活动多样化的人文原因。另外,由于文化的时空并不是均质的,制约着民族传统体育文化的多元化发展,这正是中华民族传统体育文化呈现出千差万别文化状态的人文和时空的根本原因。

德国学者约恩·吕森指出:"我们生活在一个全球化的世界中,不同传统与文明之间的联系愈发紧密。文化交流中日益增长的密切联系对历史思想构成挑战。而正是在历史中,人们才得以阐述、表达和讨论他们的认同,他们之间的归属感和共性,以及他们与其他人的不同。全球化进程使传统的历史认同直面飞速变化的生活环境,要在不同民族的生活领域之间做出传统的区分已变得十分困难。"[1]由此不难看出,文化认同通常是指人们对于某种相对稳定的文化模式的认识,以及所产生的归属感、对文化特质的重构,逐步确立为文化体系核心地位的价值趋向。

---

[1]苏航.民族传统体育文化传承创新研究[M].南昌:江西科学技术出版社,2017.

传统体育都拥有自己的文化认同。由于传统体育对于文化的理解不同,生活于不同文化中的人们思维方式与体育行为规范都是以自己的文化为基准,形成各族群民族传统体育文化认同体系。文化认同是对各民族传统体育文化的发展、文化的存在以及人类体育文化之间相互理解的重要依据,并且可以作为一种理解文化、解释文化的重要途径甚至是一种工具。那么,民族传统体育文化的认同观念,在族群间既是对自己传统体育文化的心理爱恋,又是在发生冲突中转化而成的文化情感,从而沉淀在这个民族的传统意识之中,成为稳定的民族传统体育文化因素。

一、民族传统体育文化认同的理论基础

(一)从身体到精神的价值认同

中华民族传统体育文化认同中的原始血缘认同逐渐淡化,而在地域、族群、文化认同中精神价值的认同态度日益显露。民族传统体育文化在以"身体技术"作为文化载体的同时,揭示了民族传统体育的基本族群特征,将该地域内所使用的身体技术作为民族传统体育文化认同的符号标志,奠定了中华民族传统体育文化从身体到精神价值认同的内在机制。

1. 民族传统体育与文化的融合

人和社会的需要是人类文化产生的根本基点,正是由于人有了不同层级的需要,社会才有了各异的发展动机,来满足人的各种需求。人类的发展总是遵循着生存、享受和发展等需要之路不断前进,不断提高文化的品位,增强文明的程度。民族传统体育为了满足族群内部的原生需要,须借助各种中介手段来完成相应的体育活动,以创造物质和精神财富供族群成员的生存、享受和发展需要。在这些中介手段中蕴含着大量的民族体育素材,随着这些手段的分化、综合、更新,民族传统体育的成分从中分化和剥离出来,偶然地聚合在一起形成了一定的文化形态,发挥出一定的社会功能,受到人们的关注和重视。人们开始从体育手段中发掘和提取这些文化成分,它们逐渐地

聚集起来独自构成民族传统体育文化体系。①

民族传统体育是我国各个民族智慧的文化体现，是对生产劳动的总结和对生活的诠释。民族传统体育的文化成分不仅引导着人们的参与方式，同时在族群认同中干预活动主体心理层面的对幸福的追求。

民族性是民族传统体育鲜明的文化特性，它在历史发展的过程中，其在民族文化成分的保存和兼容方面奠定了自身广泛的群众基础。中华民族传统体育的民族性尤为突出地表现为意境性与内隐性。意境是一种文化的氛围作用下，人们所逐渐拥有的意识倾向，以及由此产生的肢体活动的状态和氛围。内隐是人们的身体行为中蕴含的价值多呈含蓄与朦胧状态，虽偶有外显，但深层的精神总以内敛为主导。这些文化的特质，使民族体育也产生类似的特征。例如，在壮族中开展较为普遍的抛绣球体育活动，其简单易学的技术特点不受性别、年龄、场地、气候、时间限制的轻松条件和氛围，对于身心互动的促进起到较好的推动作用。抛绣球在历史上是一种"富家女儿择婿"的方式，带有"一抛定终身"的祈求愿望。然而，这种活动处于活动主体和主导者之间，别具一格的娱乐成分促进了人们的交流和友谊的建立，通过这种特殊的社交方式则体现出活动所带给人的喜庆的心灵慰藉。

武术作为典型的民族传统体育，其教育功能更具有代表性。武术运动有其独特的民族风格和浓郁的民族色彩，参与方式、活动形式在历史沉淀中受到了中国传统文化和风俗习惯的影响。对于武术的表达逻辑、除去神秘的色彩后，并不是按照量化的标准去衡量身体的锻炼效果，而是通过习练者自身的潜在体验去获得自我认同的心理感应。武术体系较为复杂，在长期的发展中逐渐形成不同的拳种和门派。其中，就武术的现代化发展而言，太极拳具有特殊的优势。太极拳作为国际大众普遍接受的武术拳种代表，拳理中关于技术、文化、涵养等武术因素潜移默化地影响着习练者的身心协调功能。

首先，"未曾习武先习德"这种以礼始以礼终的武德，要求强调习武者谦卑的处世心态，只有真正放下心浮气躁、脚踏实地的修炼，才能感受到武术的自身魅力。其次，太极拳以《周易》为基线的中国传统哲学思维的渗

---

①黄莹仪，高耀武，杜秀磊.民族传统体育文化的多维分析［M］.北京：中国书籍出版社，2018.

透，力图通过绵缓的动作运行风格，在体验时空变化的同时反射出人们在习练中对于心智的思考能力的把握。从心理层面考虑的话，作为体育运动的心理超越，是在对于技艺的不断习得而打破自身纪录的瞬间，所涌现的顿悟和体悟的双重感应。然而，民族传统体育的传统运动方式方法，在人体活动的内心层面，存在着文化对主观感受的自我评价心理感应，通过评价进行文化意识认同、客观幸福感和超越自我的心理健康调试。

2. 从身体到精神的价值认同

中华民族传统体育文化承载了中国传统文化元素的精髓和中华民族对于美好愿望的情感寄托。其中，武术作为中华民族传统体育文化的符号标志，传统文化与武术技术的结合并不是偶然的，它带有历史的必然性。在以宗法氏族血亲文化传统基础上，以构建政治伦理为主题的一整套思想观念认同体系的影响下，它是以精神价值认同代替生理需求的文化过程。因此，从根本意义上讲，中华民族传统体育文化认同已并非简单意义上的一种肢体行为的活动手段，它更是一种带有厚重传统文化色彩的人体文化形式，是一种通过身体行为体悟思想精神的价值认同过程。[①]

中华民族传统体育文化拥有彰显中国传统思维方式的技术结构，而不同的技术结构成就了相异的人体文化特色。看待中华民族传统体育文化认同问题不可避开全球化与现代性的存在，因此，当传统文化与现代社会共存之时，这些认同差异性也发生了错综复杂的关系。

中国民族传统体育文化，是基于中华传统文化而发展衍生的人类体育文化史上光辉灿烂的文化，是我国拥有五千年文明历史的泱泱大国之体育意识形态的具体体现，也是核心民族价值观的组成部分。它包含了众多我国古人的体育智慧结晶，蕴含着中国传统文化和传统体育的世界观与价值观，是我国珍贵的历史文化遗产。它以悠久的历史文化脉络、高度凝练的运动表征形态，彰显着五千年生存发展的强大生命力，并以其自身独特的传承方式、发

---

① 黄莹仪，高耀武，杜秀磊. 民族传统体育文化的多维分析[M]. 北京：中国书籍出版社，2018.

展环境、表达方式、宗教信仰，分别立足于东西方的主流体育文化意识中。随着近代世界文明的发展，全球各国家民族文化距离的缩短，中华各种传统文化受到西方思想的冲击，在这个大环境下，我们的民族传统体育文化也无可避免地受到一定的影响。

东方人认为体育融于生活，西方则崇尚体育、专注运动。西方人认为技击是为了达到人体超越自然、显示个人价值的目的。东方人则在学习技击这一过程中体会和升华，达到人与自然的和谐。由此可见，民族传统体育已不能依靠简单的身体活动形式而发生认同。

（二）民族传统体育文化是一个动态的认同过程

文化认同实际上是指民族、国家、区域范围内的文化心态，是一种特殊的心理状态，法国犹太裔社会学家、人类学家涂尔干称之为"集体良知"，是一种共同体中不同个人团结起来的内在凝聚力。文化认同能刺激民族成员内在的心理状态，让其产生从属某种血缘、族群和文化的不断递进的心态，使其具备成员认可的责任感。然而，民族传统体育文化作为文化认同的行为意识，影响着民族关系的和谐构建。

伴随着旅游文化产业的快速推进，以及本民族文化和外来民族文化在经济领域里所发挥的连锁效应，各个民族逐渐意识到民族文化这一远古符号在现代信息化社会的价值与功能。一方面，各个民族开始探寻本民族传统体育文化所蕴含的社会经济元素，以此加强对自我民族文化认同意识的强化与维系。另一方面，他们通过强化对外来民族文化的认同意识，来增进与他民族文化的相互交流与融合，以此来复苏、强化自我族群与他族群之间的民族文化认同意识。当民族传统体育文化随着文化认同意识得以增强以后，其在民族关系的价值构建中就会呈现一种动态的文化认同过程。

1. 固有认同中的体育时代转型

一个民族在自身的发展过程中所形成的对本民族传统体育文化固有的认同，是中华民族传统体育文化最广泛、最基本的认同方式。固有文化认同有以下两种方式。

（1）本民族所生存的自然环境影响文化认同

人类依存于不同的生态环境中，获取生存所需的物质资料，从而发展为与地理环境相适应的物质文化。比如，武术中"南拳北腿"的文化形态就是根据中国南方和北方的生态环境而衍生的，南方多山岭、丛林、湖泊，人们在追求技击灵活性的同时，加强了上肢技术的发展；而北方则多平原地带，习武者更加看重技击的实效性，则把注意力放在下盘的稳定性上，并流传有"手是两扇门，全凭脚打人"等的民间俗语。又如，居住在江浙、云贵等水乡一带的人们要依水生存，他们不仅制造了渔船、渔舟、网等生产工具、同时在传统文化的积累上创造出"龙舟竞渡"这一独具风格、别有情趣的民族传统体育活动。由此可见，民族传统体育文化的产生基本与其居住的地理环境相关联。在与地理环境相依存的过程中，民族传统体育也完成了对相应文化单位的认同体系。

（2）民族传统体育文化在发展过程中，形成了不同的活动方式、比赛制度及各种民族传统体育文化习惯

文化习惯与行为习惯不同，它是一种涵盖行为习惯的精神载体。文化习惯是一种思维和认知方式，受人主观能动影响而支配自身的行为活动。在民族传统体育中，文化习惯可以看作人们体育行为的主导因素，而部分依靠自己发展起来，却不受外来文化影响的文化因素都属于这一民族的"专利式创造"。这种民族传统体育文化形成、发展的过程，也就是人们对这种民族传统体育文化进行认同的过程。[①]

文化发展与文化认同是一组双向关系，"一切文化在获得发展的同时为人们所认同，认同一经形成也就反过来对文化产生新的影响，使文化形成一种稳定的形态"。基于此，一个民族有一个民族的文化，而一项民族传统体育亦有该民族文化的认同效应。不受其他民族文化影响的、在自身发展过程中形成的民族传统体育文化认同，就是民族传统体育文化的另一条固有认同途径。

文化的接触与交融是人类文化发展不可避免的现实。不同的民族传统体

[①] 黄莹仪，高耀武，杜秀磊. 民族传统体育文化的多维分析［M］. 北京：中国书籍出版社，2018.

育文化不论经过何种方式，诸如人口迁徙、民族传统体育运动会、电视节目、书籍等传播路径获得接触的机会，都会产生相互的影响。但是，两种不同的文化发生接触时，双方都不会很快地产生双向融合，相反更倾向于产生抵触，甚至是冲突。尽管如此，两种民族传统体育文化所存在认同上的冲突并不说明这两种文化不可能互相获得认同。比如，身体锻炼作为体育项目的共性认同，不仅在中华民族传统体育中有所体现，甚至在人类任何一项体育项目中都是较为原始的逻辑出发点。

又如，中国传统的蹴球运动，古代叫踢石球，其实就是古代人类祈雨的一种仪式参与。诸如此类的传统活动，加之文化的深入，经过时代的更替与变迁，才造就了民族传统体育在当今社会的存在逻辑。这种在文化接触过程中，异质文化间彼此的渗透和融合，造就了人类共同的逻辑轨迹。然而，随着高速信息化时代的发展，民族传统体育已不只是以"各民族原生态文化为主体"的活动方式，而是强调跨越式地转变为现代体育的竞技功能，深化了参与竞争的活动意识。人们先从体育竞争中寻求地位归属，再建立以身体锻炼为主导的文化认同转型。

在文化接触中对异文化的认同是困难的，但任何一种文化，只有在与其他文化的接触与交流中才能获得新的发展，而且只有积极摄取异文化中有益的成分并整合为于自己有用的机制，才能促使中华民族传统体育文化获得新的认同动力。

2. 民族传统体育与主体文化强制力的隐性主线

在一个国家或一个地区，往往存在一种具有强制力的主体文化，如中国的汉文化、河南的中原文化、藏族的藏文化、彝族的彝文化等。任何国家、地域、少数民族等都有自己的主体文化。主体文化的存在有一定的范围，而且往往是多元并存。主体文化必然要对处于非主体文化的民族传统体育产生影响。在全球化时代语境下，主体文化影响着民族传统体育文化认同的构建方式与内容。主体文化对民族传统体育文化的重要影响如下。

（1）对主体文化强制认同

民族传统体育文化依靠体育形式而成为非主体文化，出于生存利益考虑的前提下，受主体潜移默化影响而产生的主体文化认同。这种认同的发生一般不可避免。因为，此种民族传统体育文化认同特征与原始血缘、地域等不可人为因素相关联，从而在认同产生之时都有淡化非主体民族传统体育文化的作用。[1]

（2）不能达到认同而发生冲突

非主体文化受到不平等待遇或两种文化价值发生根本对立时，都可能发生冲突，在很多情况下这种冲突只能是暂时的，在主体文化的长期影响和不断作用下，非主体文化大多能在总体上达到对主体文化的认同。从主体文化所引起的强制效应，我们可以看出，人类诸多的文化类型都会在不同的地区及民族的主体文化的影响下产生分化与整合，最终形成以主体文化为指导的新的文化形态。

民族传统体育文化认同代表着主体文化的认同意愿，这种文化的特殊载体性质使其能够直观地进行民族情感的传播。同时，通过文化传播功能培养民族精神的文化认同。然而，反观其两者之间的线性结构，民族传统体育文化认同与主体文化强制力有着深度的隐性契合。在促进社会深层次交流的同时，体现了官方政治、经济、文化等方面的认同意愿。民族传统体育文化来源于生活，发展于社会，它所体现的主体认同意义已经超越了运动本身，不但在族群、社会中构成情感、意愿的认同，而且在国家认同方面同样地体现了一种实效的民族文化认同过程。

（三）文化认同是民族传统体育文化构成的稳定因素

"认同"一词源起于哲学中两事物相同时"甲等于乙"的同一律公式，表示变化中的同态或同一问题，后被民族学、社会学、心理学等多个学科引进和拓展。一般而言，认同是指个人或群体在社会交往中，通过辨别和取舍，从精神上、心理上、行为上等将自己和他人归属于某一特定客体。地域、语言、风俗习惯、民族文化、职业、身份、国家制度等通常是认同的媒介。

---

[1] 黄莹仪，高耀武，杜秀磊. 民族传统体育文化的多维分析 [M]. 北京：中国书籍出版社，2018.

"文化认同"不仅是一种群体文化认同的感觉，而且是一种个体被群体的文化影响的感觉。虽然与政治认同有相似之处，但不是同义重复。也有学者认为，文化认同是一种民族的凝聚力或者是本国人民对自身文化的强烈认同。《中华文化辞典》把"文化认同"解释为一种肯定的文化价值判断。即指文化群体或文化成员承认，群内新文化或群外异文化因素的价值效用符合传统文化价值标准的认可态度与方式。经过认同后的新文化或异文化因素将被接受和传播。

当今，学界的众多学者从不同的视角对人们基于的文化认同本质和内涵给予了解读，其中最有代表性的观点是价值类型说和态度情感说。两者都认为个体的文化认同其实是社会文化在个体内心中的稳定体现。其表现为个体对于某种相对稳定的文化模式的确认感，包括语言艺术、身体技术、社会价值规范、风俗习惯等的认同，其实质是一种"自我认同"的再现。随着社会的不断发展，文化的认同区域已经超越传统单一的血缘认同，已经从族群文化扩展为精神价值的文化认同，对一个民族乃至国家的文化凝聚力起到稳定和维系作用。而民族传统体育文化作为一种有形具体的认同符号，也在认同方面寻求形而上的发展动力，切入跨文化融合来看待自身的文化存在与发展。[①]

在全球化、现代化的时代语境下，族群之间的融合与社会的变迁使人们意识到在民族传统体育发展过程中，血缘、地域族群和文化构成了民族传统体育文化认同的基本要素。随着社会进程的加快，民族传统体育文化的认同体系也在发生一定程度的转变。

1.民族发展中潜在的地域族群认同日益被人们重视

原始血缘关系逐渐走向了模糊，取而代之的地域族群认同却日益被人们重视。

不同地域的民族传统体育以自身的生态适应特点，作为一种符号来体现自身的标志，从而借助肢体符号来传播与承载体育文化认同效应。就我国的

[①]张丽.我国民族传统体育文化的传播与发展研究［M］.长春：吉林出版集团股份有限公司，2021.

民族传统体育项目舞狮来说，南方称"南狮"，以短毛、额高而窄、背宽、鼻塌、面颊饱满等为其特点；北方称"北狮"，但是没南狮庞大，头部也没有南狮五彩缤纷的装饰，纯粹是兽毛的颜色，唯其顶部加一独角以示不同平凡的兽类。仅从体育活动设备来看，同为舞狮，但因地域、族群的不同而发生着文化阐释的差别，以直观的视觉判断来获得人们的认同归属。

2．对于文化的认同是建立在以地域、族群基础之上的深度认同

民族传统体育之所以能够成为一种文化，是因为民族文化在传统体育认同方面更能显示出文化形象的特征。比如，流行在侗族、壮族中的民族传统体育活动——抢花炮，它有着强烈的节庆和中国传统婚姻观的文化融入，侗族每逢农历三月三都要举行此活动，俗话说："侗乡三月风光好，天结良缘抢花炮。要得侗家姑娘爱，花炮场中称英豪。"文化认同的形成是在对一个文化深入了解之后产生的。中华民族传统体育的活动形式和纯朴自然的内容，既是伦理价值的体现，又是中华民族文化审美情趣的展示。

因此，中华民族传统体育文化是由中华民族创造并传承下来的，它作为一种综合的文化现象，认同体系包含了一个民族的文化观念、国民性格、民族精神等，是中华民族传统文化认同重要的组成部分。

（四）传统文化与民族体育的多重互动

中华民族传统体育是由中华民族创造并传承下来的，它作为一种综合的文化现象，包含了一个民族的伦理价值、国民性格、审美情趣等，是中华民族传统文化构成的认同要素。民族传统体育的活动形式和纯朴自然的内容，既是中华民族的文化展示，又是中华民族精神的体现。然而，在传统文化变迁与民族体育融合的过程中、不断地吐旧纳新，以迎合中华民族传统文化的认同观念。在此过程之中，中华民族传统体育文化也发挥着自身的文化特性，通过认同机制和作用力达到继承和发扬中国传统文化，提高各族人民健康水平，维系民族关系和谐发展的重要作用。

1.传承中国传统文化

民族传统体育作为中华民族传统文化的存在形式，以及民族精神的具体表现，具有承载本族群、民族、国家文化本真的属性，它是国家"软实力"的重要单元体。而民族文化、价值观念、社会制度的文化"软实力"在不同文化体中具有一定的渗透作用。即某种民族文化替换了另一种民族文化时，后者的文化精神会随着文化形式的转变而发生变化，甚至是被遗忘。在此背景下，民族传统体育认同在继承与发扬中华民族传统文化中所具备的实效作用，从认同层面来说是一种民族性的回归。

民族传统体育文化认同在特定的中国传统文化认同类型中，高层次概括了民族文化心理素质的基本内涵、具有沟通特定民族中全体成员心灵的普遍性。一个民族总是要强调一些有别于其他民族的风俗习惯和生活方式的特点，赋予强烈的感情，把它升华为代表这个民族的标志。而民族传统体育经过几千年的承袭、发展、演变之后，无论是出于人们心神、意志、审美情趣的特殊标志，还是民族传统体育活动的内化表现，都是以中国传统文化为主导，通过生动、具体、有形的表现形式进行继承和发扬。比如，武术中传统哲学思维与拳理的结合，通过身体技术的内敛升华，而体悟空间与时间的中国特性，以至"内外合一、形神兼备"的传递与释放。又如，傣族的跳竹竿，在每年正月十五的夜晚，不论男女老少，都可衣着盛装出现在村寨的活动场上，来庆祝与祈祷丰收等。基于此，对于中华民族传统体育文化的认同，实际上则表现为通过体育活动的参与、帮助人们对中国传统文化的理解。

因此，中华民族传统体育的文化认同的最终目的是增强本国文化、精神的凝聚力，同时在全球化的时代中保存本民族文化本真，确立自身存在的价值及发展方向，对中国传统文化的理解起到继承和发扬的作用。

2. 提高各族人民健康水平

从民族传统体育文化的体育性考虑，对于文化方面的认同也包含文化表现形式的追随。民族传统体育在我国全民健身战略的地位显得愈加重要，对各族人民的健康水平起到了促进作用。少数民族传统体育的健身功能为各族人民群众参加体育活动奠定了基础。比如,具有维吾尔民族特点的"且里西",具有草原风格的"姑娘追",反映锡伯民族风貌的"射箭",居住在青藏高原的藏族的爬山、骑马、射箭、赛牦牛等传统体育项目,这些民族传统体育活动相对局限于一定的聚居区域,其群众体育活动正是健身文化的体现形式。

民族传统体育活动的认同丰富了不同民族之间的文化交流形式。民族传统体育是从"竞争到和谐,从全体参与到民族认同"的逻辑过程。并根据自身所属的体育锻炼性质,决定民族传统体育要从身体锻炼角度思考健康问题的基础支撑。同时,对于身体的运用,大部分是建立在活动、运动、锻炼的效果而确立项目本身。只是不同的族群会根据自身的生态环境、文化意识影响着传统体育项目不同的发展和运作。从功利角度看,人们选择某项体育活动,必然是这项活动具有一定的价值,而强身健体就是一种最基本的价值。如果某项活动内容缺失了价值,民众绝不会长期选择。

民族传统体育的文化认同成分,不仅引导着人们的参与方式,也在族群认同中干预着活动主体心理层面的主观幸福的追求。出于心理和生理的交互论证、人们在最初选择民族传统体育活动的同时,更多的是通过一种无形的心理慰藉、影响着生理的积极参与。比如,傣族为祈求粮食丰收而举行跳竹竿,古代民众为生活娱乐而开展的珍珠球,唐代为祈求"千秋之寿"而兴起的秋千等。这些活动基本上涵盖了参与主体在民族传统体育文化形式上的情感寄托,为健康、娱乐的理念形成族群认同效应,来提高人们的健康意识生成。[①]

3. 维系民族关系和谐发展

伴随着世界经济和文化全球化的快速推进,民族文化元素相互流通速度不断加快,致使民族内部与外部的文化元素在相互流通、相互嫁接与汲取的过程中,产生"文化失忆"和"文化冲突"现象。所谓文化失忆,是指各民族文化在相互流通的过程中,将本民族文化历史遗忘。文化冲突指在交流和融通过程中、由于各民族文化之间的差异性而产生抵触、抗拒、争锋等状

[①] 张丽.我国民族传统体育文化的传播与发展研究[M].长春:吉林出版集团股份有限公司,2021.

态。当各种文化汇聚在某一空间时，会出现文化认同发挥主导作用。文化认同是族群重构的内在机制，当诸多民族文化从不同民族传统体育的语境中提炼出来凝聚于新的民族文化生态环境中的同时，它将以"你中有我，我中有你"为基本原则，对各个民族的文化元素进行二次族群文化重构，使得各个民族在新的民族文化生态环境中得以保持民族传统体育文化个性与构建中华民族传统体育文化多样性，从而促进民族关系的和谐与发展。

文化认同消解与维系族群边界、推动民族关系和谐的持续性流动。族群边界在民族社会中的普遍存在具有特定文化蕴意，是进行有形与无形的界限划分，对民族关系和谐发展问题具有一定的影响。中华民族传统体育文化认同是消解族群边界的直观力量，它以促进民族间身体文化元素的相互交流、融合与嫁接为主体，达到对自我民族和外来民族文化的认同，以此来消解各个民族之间存在的文化差异性、封闭性和抵触性。但是，当族群边界被消解以后，却以一种无形的意识形态存在于各个族群文化之中，其根本缘由在于民族文化之间存在着差异性与同一性。当各民族在进行传统体育文化交流互动之时，必将产生文化的区域性差异，有差异性也就存在了同一性，同一性反映族群边界的消解，差异性必将存在族群边界的维系。此种文化认同的双重属性是民族社会中客观存在的一种必然现象，也是推动民族关系和谐发展的重要保证。①

二、民族传统体育文化认同的层次性

人类的文化是由各种文化要素所构成的有机体，构成这个体系的要素主要包括以下几个层面：第一个层面是物质层面，指人类劳动与自然物质相结合的产物，包括形形色色的衣、食、住、行以及劳动工具等；第二个层面是制度层面，包括政治、经济制度、体制、法律、典章等；第三个层面是行为层面，包括人的行为模式、生活方式、生产方式、婚姻、家庭模式及各种风俗习俗、节日等；第四个层面是精神层面、包括宗教信仰、价值观、审美意识、伦理道德、文化心理、经验等。

---

① 王佳.民族传统体育文化理论与创新研究［M］.哈尔滨：哈尔滨地图出版社，2018.

（一）民族传统体育文化的族群认同

族群指的是一个特定群体因文化纽带而融合形成共同体。虽然族群与民族都是通过一定的历史时期而形成的人们共同体，但两者间有着明显的区别。从性质上看，族群强调的是以文化为核心的族群中，族群成员对本族群文化的主观意识反映，"涵盖文化现象、心理意识和社会组织等层面"认同，更侧重于文化认同的特征；而民族强调的则是因"共同语言、共同地域、共同经济生活以及表现于共同的民族文化特点上的共同心理素质"等基本特征的稳定的共同体。虽然民族也包含文化性，但是更侧重于政治性。如果说族群是自然形成的共同体，那么民族则是人为的和理性建构的产物，是一种想象的共同体。明确族群与民族的区别有利于更好地构建二者的相关性，不仅能唤醒族群间的历史共同记忆，消弭族群内部差异，更能为形成多民族国家内部的民族认同的范式，以促进民族群体的社会认同与国家认同。

对民族传统体育文化本体的认同。民族传统体育文化本体也就是一定范围的人们所拥有的文化。人们生存于一种特定的文化之中，对于哺育自己的文化的认同是一切对其他事物认同的前提，是对一种本体文化的共识与归属。在这一层次上来说，民族传统体育文化并不是以某一要素为其象征，而是一个整体的概念。

族群认同对于一个民族文化的发展和传承具有重要意义。比如，回族武术作为民族文化媒介的标识游走于诸多族群的文化交流与互动之中，对于促进族群成员对族群文化的认同，保持文化个体性，激发文化认同意识，凝聚心理归属感，以及塑造族群的"民族性格"，促进少数民族地区族群之间的和谐与发展具有重要的作用与意义。又如，四川凉山彝族的火把节节庆体育活动，火把广场的石碑经文，体育活动场的"朵洛嗬"表演，各式各样民族服装等，这些既是节庆体育所承载的记忆元素，也是节庆体育的文化符号。在偏远的山区和少数民族地区，作为情感和信仰寄托的文化标识，族群认同为民众带来了精神的寄托和历史的回眸，而民族地区"记忆之场"为节庆体育赋予族群的集体记忆提供了丰富的素材。节庆体育作为一种周期性的仪式活动，通过在民族地区的不断展演强化着族群的集体记忆，而节庆体育活动中彰显民族文化的元素，也在体育活动的开展中得到传承与发展。①

由于有了对民族传统体育文化本体的认同，人们才认同属于这种文化本体下的种种具体的文化。对文化本体的认同是最基本的，也是最朴素的认同。仅对民族传统体育文化本体有一个概念性的认同，就有可能将这种认同与自己的感情、心理等结合起来，将其作为一种情感的寄托。

聚居异乡的少数民族对于民族传统体育文化本体的认同，反映了文化本体的认同在族群认同中的稳定性。这种稳定性在与他者文化的比较中反映得尤为突出，甚至具有特殊意义，可能作为本体民族传统体育文化存在的象征与价值，也可能作为民族感情的寄托。对本文化的认同，不以个别文化要素的变迁为转移，因为它是一个最高层次上的概念，它所象征的是一个民族、一种文化，在各种文化环境中及文化融合中被赋予特殊的意义。当文化处于交融状态中，人们对于自己的文化认同才会因交融所带来的文化冲突而在意识中变得更强。因为，在文化交融中涉及了文化价值乃至文化的存在与前途，因此对本文化的认同往往表现为民族文化心理、文化价值、文化意识、自尊、情感等具有情感特征的方面。

（二）民族传统体育文化的社会认同

20世纪70年代初期以来，社会认同理论备受国内外专家、学者以及相关部门的关注，并以较快速度发展遍及世界各个领域。社会认同"是一些诸如家庭、社交、社会地位、阶层属性、团体成员资格等的社会关系"，此观点直接强调社会认同是一种具有集体意识的社会关系；社会认同是一个社会的成员所共同拥有的信仰、价值和行动取向的集中体现，其本质是一种集体观念，它是团体内聚力增强的价值基础，不仅反映社会认同是社会关系，是社会群体中所具有的共有理念的体现，它对于提升社会群体的凝聚力和向心力具有重要的作用。社会认同是个人的行为思想与社会规范或社会期待趋于一致，对自我特性的一致性认可、对周围社会的信任和归属、对有关权威和权力的遵从等，能够使个人借自己在某群体的成员资格而将自己与他人区分开

---

① 王佳. 民族传统体育文化理论与创新研究[M]. 哈尔滨：哈尔滨地图出版社，2018.

来，并将该群体内典型成员的特征加诸自己身上，以使自己的特性等同于群体内典型成员特性。

所以社会认同的核心内容是自我的社会身份、社会特性以及个体对其社会身份的主观确定。其根本宗旨是正确处理个体属性与社会群体属性的关系，以及个体对自我在社会群体中的主观认知和个体属性在社会群体中的集体表现。

1. 家庭、家族认同

在人类社会中，由血缘所联系起来的家庭、家族等社会关系是最原始而又最基本的社会关系。而民族的形成也是以此为其伊始的。因此，以血缘为纽带所维系起来的基本社会组织就是一个民族的缩影，对于血缘关系的认同自然也就具有重要的意义。对于家庭、家族等血缘关系的认同，即使相应的文化能稳定地传承，而这种关系的扩散又影响了一个民族，乃至一个国家的结构与发展。

家庭、家族认同具有以下的几个层次。

（1）第一个层次，是对鼻祖的认同、对血缘或模拟血缘亲属关系的认同。凉山火把节利用摔跤文化符号，在促进彝族社会成员社会化的同时，也促进健康竞争意识的合理构建，为彝族文化的传承与国家社会的互动提供良机。

（2）第二个层次，是父子或模拟父子关系的认同，这是家族认同的核心，只有在父子关系认同的基础上，才能形成祖孙关系的认同，兄弟及伯叔子侄关系的认同，从而形成对整个家族关系的认同。将家庭、家族认同扩大为对同族认同，这是对祖先认同的必然结果，它使家庭关系扩大化，同族的人往往有着共同的认同心理及其他方面的一致利益。在中国传统农耕社会中，以传习某种技艺为纽带而组成的师徒传承，几乎是所有文化艺术门类发展过程中的一个普遍现象。例如，在传统小农经济土壤中滋生、形成的武术师徒传承制，虽然在它的生命进程中有着种种陈腐流弊，但始终没有停止过自己的文化脉搏，它穿越时光又一次进入人类的新纪元。武术延绵不绝的生命力，主要是依赖于师徒传承制。武术中的师徒关系实际上是以模拟血缘关系为机制，从而形成了与"父"同构的师和与"儿"同构的徒，人们习惯上称呼的"师父""徒儿"即是"血亲传统遗风"，它体现为一种模拟的家庭结构。①

2. 对自身文化体系中其他要素认同

不论何种文化要素的存在都包括了人们的认同，这种认同源于人们对事物的认识、经验与创造。对自身文化体系中认同与其自身的特性是相吻合的，如居住、服饰等，其定义就在于为人们提供居住的场所及保暖。但是人们总是依据自己的认同来进行文化活动与创造，如与生活息息相关的肢体活动、肢体行为等，都是由自身文化体系认同的附属组成。

以流行于西南的少数民族之间的火把节为例，如彝族、纳西族、藏族、壮族、瑶族、白族、拉祜族、哈尼族等一般都会于每年农历六月二十四举办火把节，节日期间民俗文化浓厚，所以火把节又被称为"东方的狂欢节"。节日一般分三天举行，节日期间人们盛装出行。节日的第一天被称为祭火，祭祀过后人们要吃坨坨肉。第二天是节日的高潮，许多民俗体育活动和民族歌舞，如赛马、摔跤、斗牛、斗羊、斗鸡、爬油杆、赛歌、选美、跳舞等都要在这一天举行。值得一提的与体育活动同台进行的是选美活动，选美开始后，姑娘们一个个穿着美丽的民族服装，举着黄油伞站成一排，最后决出一二三来，胜利者将有可能成为当地一种形象的代表并迎来众多小伙子们的仰慕。各种斗牛、斗羊、斗鸡比赛也异常激烈，往往能迎来四面八方的乡亲前来围观喝彩。赛马、摔跤的胜利者将会十分自豪，也会成为乡亲们的骄傲。舞蹈一般有"朵洛嗬""达体舞""阿细跳月"等。有青年们的奏乐搭配，气氛十分欢快热烈。节日的第三天要举行送火仪式，届时，人们手持火把聚于一起后形成一个巨大的篝火，人们将围着篝火唱歌跳舞。送火也有"送走瘟神，迎来丰收"之意。

这种节庆活动方式的存在即是地理环境使人们形成的对这种节庆活动的认同。进一步说，人们由于生存的需要而创造了同一种文化，但人们也是依据不同的认同来进行同一种文化的创造的，这也就使得文化有了差异。人的一切文化中都体现了不同的认知，包含了认同。这就使得这些文化要素具有了原有价值之外的新的意义，而这种新的意义与价值又是认同所赋予的。需

---

①王佳.民族传统体育文化理论与创新研究[M].哈尔滨：哈尔滨地图出版社，2018.

要进一步说明的是，文化要素的这种新的意义与价值往往是在文化交融与共存中才产生的。没有对比，这些文化要素也就很难具有超越原有价值的内容，但在不同文化共存的情况下，不同的文化要素就有可能出于不同的因素而被赋予新的意义与价值，乃至于上升到文化感情与意识的范畴。[①]

（三）民族传统体育文化的国家认同

"国家认同"一词最早出现在20世纪60年代后期，在我国属于新生词汇，学术界对其内涵与外延的研究仍处于"百家争鸣，百花齐放"的态势。

一方面，当国家认同与特定时代文化元素产生接触与联系时，国家将被赋予宏观调控和主导文化元素的特权。一旦国家特权得以发挥，国家将会运用科学化策略，有效呈现文化元素符号形式与价值意蕴。以此激发国家全体国民的集体记忆意识和国家认同感。

另一方面，国家认同与族群认同既相互联系，又相互包含。当族群文化被置放于特定国家政治空间之内时，族群认同具有国家属性。国家认同与族群认同融为一体时，文化统一性产生。但是，族群认同低于国家认同。国家认同强调民族统一性，族群认同注重民族个体化。一旦族群认同高于国家认同，国家的稳定、安定与团结将受到危机，反之，国家将以"平等、团结、互助、和谐"的社会主义民族关系而集中体现。

例如，凉山的火把节，民族地区的节庆体育作为一种跨村落、跨地区、跨族群的多民族参与的民间体育活动，既强化了族群认同，又加强了族际之间的理解与沟通。经国家贴上"东方狂欢节"和"彝族特色节庆体育"的标签后，其族群文化认同的认知体系已经从一个族群覆盖到其他民族，形成以"民族—国家"的认同要素。

民族传统体育文化的开展呈现出民族传统体育的历史延续性，并体现了旧的集体记忆的话，那么它还可以制造新的记忆，即通过强化现实感和合法性来实现，也在潜移默化中起到国家认同的作用。任何一种认同，包括文化认同，如果没有国家层面的认同，那么这个认同如同没有家的孩子。反之，有了国家认同，认同得到了提升，认同就有了力量。无论是生活在巴蜀文化

[①] 王佳.民族传统体育文化理论与创新研究[M].哈尔滨：哈尔滨地图出版社，2018.

区、滇黔文化区、雪域高原文化区的各民族,还是生活在燕赵文化区、齐鲁文化区、三秦文化区、三晋文化区的各民族,生活方式的许多方面已经没有多大的区别,但却维系并传承着族群认同感,这种认同感在群体性参与的节庆体育活动中得以复现与彰显。①

中华民族传统体育文化领先于其他文化实现了人类文化的国家层面的认同,其中最具有代表性的是武术、摔跤、龙舟、马上运动、风筝、舞狮舞龙等文化的国家认同。这些形象生动的国家文化认同,发挥着极其重要的文化纽带作用,维系着中华民族的情感,印刻着中华民族的文化记忆。

第二节 全球化视域下中华民族传统体育文化的发展

我国民族传统体育文化在其发展传承的过程当中,经历了几千年历史的洗礼,其在漫长的岁月里在不断地发生着变化。我国的民族传统体育文化,集各民族体育文化于一体,是我国各种文化的核心组成部分,因此大力弘扬我国民族传统体育文化,对传承我国民族优秀文化的弘扬将会起到十分重要的促进作用。我国现阶段正处于体育全球化迅速发展的时期,在当前社会不断变迁与现代体育项目的共同催生的背景下,我国有很多的优秀民族传统体育正在以零星碎片化的形式艰难发展。在当前体育全球化的发展背景下,我们必须高度重视我国民族传统体育文化的发展。

一、我国民族传统体育文化发展现状

(一)传承思想逐渐先进

一直以来,受传统传承思想文化的影响,在我国民族体育文化传承中,

---

① 黄莹仪,高耀武,杜秀磊.民族传统体育文化的多维分析[M].北京:中国书籍出版社,2018.

还是表现得较为落后与封闭。

过去，在体育文化传承中存在的"一日为师，终生为父""传男不传女"等传统观念，以及通过正式的烦琐拜师程序才能建立师徒关系的师徒传承模式，还有"传男不传女"的传统陋习等，到了现代社会都受到了一定的冲击，被"平等的师生关系""男女平等"等现代平等人际关系思想所取代。

事实证明，先进的传承思想更能有利于民族体育文化的传承，只有交流才能够让民族文化得以发展前进，先进的传承方式才能促进我国民族传统体育文化的传承与发展。

（二）破除唯我独尊的传统封建思想意识

随着体育全球化的不断发展，我国各类传统的民族体育文化已越来越受到人们的广泛关注，但还是有很多传统体育文化项目的传承方式比较封锁。比如，在武术的传承中最为典型的一个特征就是，许多武术传承人都具有强烈的唯我独尊的传统封建思想意识，这种思想意识的存在严重限制了我国的民族传统体育文化的传承和发展。在古代，人们是为了战争与生活而传承武术的。同时，人们还对武术的强大进行了一些事实的夸大，其中有很多人就将这种听闻信以为真。这种情况的出现导致各个武术帮派之间相互争斗，各种武术传承闭塞。各个武术派别之间出现的斗争就导致唯我独尊的封建思想意识越来越严重，这种情况使得我国民族传统体育文化之间的交流不同，因此不能够顺利地将我国民族传统体育文化发展下去。这种封建思想意识是在以往社会的压迫之中所形成的，但是这样的思想不利于当前体育全球化社会的发展。因此，如果想要将我国民族体育文化更好地发扬下去，就必须要对其传承方式进行改革，要让传承人认识到对我国民族传统体育文化积极传承与弘扬的意义，从而能够使我国民族传统体育文化从以往传统的封建思想之中解脱出来。[①]

[①] 苏航.民族传统体育文化传承创新研究［M］.南昌：江西科学技术出版社，2017.

（三）传承人严重缺失

随着我国体育全球化的高速发展，国家对民族传统体育文化项目发展的重视程度已越来越高。但是由于很多民族传统体育项目因为难度较高需要刻苦磨砺才能充分掌握，所以其当前处在传承人缺失的尴尬境地。在体育全球化背景之下，更多的现代新兴体育项目开始被大众广泛接受，而且现代体育项目趣味性更强，从而使得人们对其更加感兴趣。现代多种多样的创新式体育项目，给我国民族传统体育文化传承带来了十分严重的威胁。在当前现代新式体育项目的不断入侵下，使得我国民族传统体育的发展不断衰退，从而导致我国有很多民族传统体育文化项目，因为没有人愿意去学习与传承，这些优秀文化正在从人们的生活之中逐渐地淡出，有的甚至处于濒临消亡的尴尬处境。

二、体育全球化发展背景下我国民族体育文化发展建议

（一）对我国民族传统体育文化进行不断创新改进

在世界多元化文化观的影响下，只有不断地对我国民族传统体育文化进行创新，才能够让其不被高速发展的社会所淘汰。当前在多样化现代体育项目的冲击下，加强对我国民族体育文化的传承创新，已是现代社会急需解决的问题。而只有将我国民族传统体育文化当中的核心精华，进行不断地提炼和改进，才能有效突出其文化的内涵，有效帮助我国民族传统体育文化不断的传承与发展。

在对我国民族传统体育文化核心精华进行提炼的过程之中，不仅仅要对其中不适合发展的方面进行舍弃，同时还要对其中的不足进行弥补。在这个改进过程之中，要将我国民族传统体育文化与当今时代的发展需求结合在一起，同时还要尽可能地去保留其原有的民族文化的特征，在改进过程中不能随意地去进行删减，应该去其糟粕取其精华，只有这样才能够让民族传统体

育文化以一种最好的形态传承下去，从而使得中华民族文化的特色能够源远流长。

（二）加强对我国民族传统体育传承人的鼓励

传承人与被传承人是整个民族传统体育文化传承的关键。我国许多的民族传统体育文化的产生，都是源于我们的祖先用其超前的智慧，在自然、劳动、生活当中的一些整理和归纳之后所得到的文化精华。所以为了能更好地保护与传承这些精华，需要传承人不断地坚持将其进行改进与创新。因此希望相关部门应尽快地出台一些激励政策，积极为传承人提供一些资助或是授予他们荣誉等等。

①对于思想较为保守的传承人要及时对其进行思想方面的引导，同时还要积极地去协助他们寻找合适的传承人，这样才能把一些快要遗失的传统体育文化重新拾起，不断地发扬光大。

②让我国民族传统体育文化，以现代竞技体育的开展方式来进行弘扬与传承。可以鼓励传承者们把我国民族传统体育文化，进行不断创新与提炼出来以后，通过进行竞赛形式来点燃他们传承的热情。通过这种竞争的传承方式，不仅能够将我国民族传统体育文化的特色有所保留，同时也能对我国民族传统体育文化进行弘扬，还能激发更多的民族传统体育文化传承者与传承人的参与。

（三）要注意保持我国民族传统体育文化的独特性

我国民族传统体育文化是我国传统的体育运动方式，在我国体育事业中占有重要地位。但是在当前以西方体育为主流的全球化氛围当中，我国传统民族体育文化正面临着西方体育的强势冲击。但由于我国民族传统体育文化具有独特的民族文化性质，在它的传承与发展当中，也要尽可能地让其保持原有民族独特性。所以在对其发展与传承创新当中，需要注意要保留原有的民族特色，只有带有自身民族特色的体育文化，才能够在发展与传承当中，更好地与广大人民群众引起感情上的共鸣。

（四）在发展过程中要坚持一体化的多元发展

在当前体育全球化发展的背景下，如果想要让我国民族传统体育文化走向全世界，让全球的人们都能认可，就需要在发展过程中坚持多元发展一体化的理念。要采取多种措施来对我们民族传统体育文化进行宣扬，对于国外的一些优秀体育文化发展模式我们要进行借鉴，这样能够使得我国民族传统体育文化以良好的形式发展下去，才能让我国民族传统体育文化发扬到国际体育文化当中，让更多国家的人能够对中国民族传统体育文化有所认知，让我国民族传统体育文化能传遍全世界。

体育全球化发展是经济社会不断前进的必然趋势。我国民族传统体育文化是经过几千年历代传承延续下来的精髓。随着社会经济的不断繁荣，在当前体育全球化的发展背景下，我们应该将我们的民族传统体育文化传播重视起来。要想更好地传播我国民族传统文化，就要先对我国民族传统体育文化进行深入的了解，然后根据当前我国民族传统体育文化发展的现状问题，及时地找出与其相对应的解决对策，这样才能有效促进我国民族传统体育文化的发展。[1]

三、民族传统体育文化的革新

传统不仅表现为表面的物，还凝聚成种种制度与习俗，更深藏在人们的心理结构中。[2]传统体育的变革不是仅仅改变几个体育规则、创新几个花里胡哨的技术动作，而是要从其精神层到制度层再到物质层的彻底革新，三者不可偏废，要协调配合，相互促进，形成一个新系统，才能有质的变化。

（一）体育精神文化层面

中华传统体育文化的革新一个最关键的因素就是要对传统体育的文化内

---

[1]苏航.民族传统体育文化传承创新研究[M].南昌：江西科学技术出版社，2017.
[2]庞朴.文化的民族性与时代性[M].北京：中国和平出版社，1985.

核做出新的诠释，从劳动、军事、政治等其他社会活动目的中解放出来，建立一个以人的全面发展和健康生活为核心价值，以健康文明的运动生活方式、充满健康活力的个人形体为审美取向，以唯物辩证的方法、客观实证的态度、科学文明的语言为思维方式的新体育精神文化体系。在核心价值方面，突破旧有附属形态，从人类社会发展归属的角度出发，发掘体育对于人的价值，开发人体潜能，促进自我实现；健康体魄、减少疾病的侵扰、提高幸福指数；磨炼人的意志品质，拓展休闲娱乐空间，提高生活质量。在审美取向方面，将身体从现代工业文明的压抑中解脱出来，追求一种美的运动生活（将运动视为生活的一部分），追求运动带来的健康、活力的形体美。在思维方式上，用现代科学的方法和语言来思考和诠释传统体育，使之能为人们理解、接受，以摆脱某些神秘论的困扰，促进其在现代社会的发展。

（二）体育制度文化层面

体育制度是体育精神内核体现于体育活动的必不可少的规则和制度的总和。从历史渊源看，现代中国体育在制度层面特色鲜明但缺乏主体的文化观念，我们现有的体育理念既不是东方文明，也不完全是西方文明的传承。我们现有的所谓体育"理论"或"基本理论"，其实主要是如何服务于政治或服务于经济的经验总结。[1]体育制度文化的发展长期止步于功利主义，使中国体育发展很难形成有效的规范和系统，制度理性、人本主义、法理精神、诚信守法、制度创新，这些现代制度文化的基本内涵得不到生根的土壤，难以完成从国家体育到人民体育的成功转型。传统体育在制度方面的现代化，既需要我们摆脱宗族文化制度传统的束缚，又需要摆脱现代体育制度的行政化和官僚化，以人文价值观念为标尺，建立追求人的身心健全发展、人格健全发展的制度体系，实现体育制度的宽松化、民间化。以传统体育社会团体为主体制定和修改相关制度，体育制度的现代化才会有发展的空间。

---

[1]胡小明.论中华体育精神的重构［J］.武汉体育学院学报，2009（43）.

（三）体育物质文化层面

1. 提高竞争力，走市场化道路

相对于现代体育项目，土生土长的中国传统体育的理论研究还比较滞后，市场化的研究也较为零散，更谈不上对市场化实践的理论指导，有幸的是这方面的实践探索早已走在了前面，主要有参与型体育市场、观赏型体育市场和体育培训市场，中国传统体育包括武术、传统养生、传统体育游戏和少数民族传统体育等众多内容，其独特的竞争性、观赏性和健身性强烈地吸引着生活于中华文化氛围中的每一个人，引起了人们的文化共鸣。传统体育项目集音乐、舞蹈、娱乐于一体，有广泛的群众性和参与性，能使旅游者娱乐休闲、强身健体、愉悦身心。少数民族主要聚居在我国边陲地区，往往具备得天独厚的自然景观，为传统体育与旅游的紧密结合提供了最坚实的自然基础。传统体育项目包含着浓郁的民风民俗，被赋予了令游客神往的文化内涵和传奇色彩。

2. 把握时代气息，走竞技化道路

目前，列入我国民运会正式竞技项目的共有14项，分别是武术、民族式摔跤、珍珠球、毽球、高脚马竞速、木球、马术、龙舟竞渡、抢花炮等。迄今，我国已举办了11届全国少数民族传统体育大会。毽球、龙舟、舞龙、舞狮等也走向世界，先后成立了国际协会或国际联合会。我们要想在世界上推广中华武术，需要选择一个能较充分体现中华武术特色又较为适合现代竞技的项目加以改造，使之既能有效展现中华武术技击精髓，又能为国外人们学习掌握，再以现代竞技规则为尺度，打造一套行之有效的比赛规则，为其国际化奠定必要的技术前提，才是推进传统体育竞技化和现代体育接轨的真正出路。

3. 结合全民健身，走大众化道路

从体育运动中获得健康、长寿是参与体育活动的人们追求的永恒价值。民族传统体育以别具一格的民族艺术审美观、民族情感及意蕴深厚的健身观、古朴自然的娱乐性，为人们紧张而繁杂的生活增添了丰富多彩的意趣和卓有成效的健身功效。尤以传统养生气功的健身价值最值得我们去重新开发，只要我们坚持去伪存真、科学客观的态度认识传统养生气功，用现代科学去重新诠释，它的健身价值将会重放光彩。在实践过程中，应该充分利用《全民健身计划纲要》实施的契机，牢牢把握社区阵地，和社会体育指导员制度结合起来，搞好传统体育的宣传和推广。

4. 与现代教育相结合，走进校园

中国传统体育文化如何薪火相传，教育是最基本的途径，学校体育教育的作用最不可忽视。史书中记载，先秦时代学校开设"六艺"，就包括射、御两门体育课。现代学校教育在民族传统体育的发展中至少可以承担两个最基本的角色。

①角色一是传统体育的生态保护区。每一种物质文化形式都有其固有的文化土壤，由于现代文化价值观的变革，各民族原有的传统体育项目都受到现代文明的冲击，失去了必需的空气和养分——传统文化，又没有迅速找到与现代文明的契合点，处在灭绝的边缘，学校尤其是高校、民族学校应该也能够承担起为其提供存在和延续的文化生态保护的角色。

②角色二是传统体育的试验田，原始体育形态走向规范化、科学化、大众化的必由之路。在学校，尤其是高等院校的理论支持下，发掘出传统体育的现代价值，用现代语言重新阐述其科学内涵，改革创新开发出与现代相适应的新形式并大力普及推广，是发展民族传统体育的最佳选择。

第三节　民族传统体育文化的文化共享

一、文化共享的基础分析

（一）当今世界是一个关注人类的生存和发展的时代

当人类社会进入一个对能源获取相对便捷的阶段，人类开始有暇思考人和人类的生存和发展的问题。恩格斯认为人类的需要经历三个阶段：生存、享受和发展。在这三个阶段中，人类思考的问题各有侧重。中国是较早就关注人的生存和发展的国家，其文化的核心内容就是人的生存和发展。因此有学者认为，中国的文化是关于人和社会的"善"与"美"的文化，而西方倾向于抽象的、数理的"真"的文化。东西方文明国度似乎被自然分工一般，各自在亚欧大陆的两端进行着不同的文化探索，共同完成着人类文明大业。当然，对于这个问题的关注程度，还必须建立在经济基础上，当西方的经济后来者居上，文化发展到一定程度后，西方文化开始关注人和人类的生存和发展。无论是东方文化，还是西方文化，对人的关注已经成为不可阻挡的文化潮流。[1]

对人高度关注的中国文化具有很强的传统性和延续性，至今发挥着重要的作用。文化传统是受特定文化类型中价值系统的影响，经过长期历史积淀而逐步形成的，为全民族大多数人所认同的思想和行为方式上的难以移易的心理和行为习惯，对社会生活、生产产生重大影响的认知和思维方式，以及深深印刻在器物、制度和精神层面的各种特质的综合状态。因此，在这个文化中，受其传统的影响，明显表现出一定的延续性。中国的"天人合一""以人为本""刚健有为""贵和尚中"等文化传统始终围绕人的生存和发展，成为人类文化中最关注人的文化之一。

西方文化在进入20世纪后，对人的关注与日俱增，从人的本能、文明

---

[1] 向政. 民族传统体育文化审视与实践指导[M]. 北京：光明日报出版社，2016.

的本质、人性的异化、文化的物化、人的自由与责任，以及科学精神和人文精神等方面进行了探索，发现人的问题如此重要，而现实社会对此却关注严重不足。因此，《人类的文化哲学》应运而生。在《人类的文化哲学》结构中，重点对人类的本质、文化动物、人类文化特征、符号和语言、人类进步的文化实质、工具与能源、人类精神的迷失与文化重建、人类的宗教归宿及文化意义等方面围绕人和人类的发展进行了系统的研究，这些研究集中体现出人类社会对人自我和自身的应有的重视。

人类社会已经进入到了一个超乎寻常地追求经济利益最大化的阶段，经济效益成为各个国家头等重要的大事。恰逢此时，西奥多·W.舒尔茨循着马克思的思路，提出了备受世人关注的有关人的健康经济理论——"人力资本"理论。舒尔茨认为，所谓人力资本，是指相对于物力资本而存在的一种资本形态，表现为人所拥有的知识、技能、经验和健康等。其中首次提到了"健康"两字，这两个字的出现绝非易事。人力资本的显著标志是它属于人的一部分，它是人类的，因为它表现在人的身上。它又是资本，因为它是未来满足或未来收入的源泉。这一语道出了人力资本的基本属性。

舒尔茨认为：人力资本包括量与质两个方面。人体文化关注的恰好是人力资本的质，即人力资本本身具备的基本质量。这个质量是以人的健康为基础，健康应该是构成人力资本的根本要素。[①]这个理论的提出，对人体文化而言是一个利好的理论支撑，在很大程度上支持了民众对人体文化钟爱的肯定，更是人体文化发展空间深入拓展的重要依据。体育与民族体育能够切实对社会提供具备健康素质的人力，主要表现在以下几个方面：一是培养劳动力；二是保护劳动力；三是修复劳动力；四是提高劳动生产率，这些作用确保了人力资本的质量，自然也增加了人力资本的数量，保障着人力资本的能量发挥，从而全面持久地促进社会经济的发展。

（二）当今世界是一个便于沟通和交流的时代

科学技术为当今的世界提供了便利的交流平台，科技促使了交通、通信

---

① 江涛.舒尔茨人力资本理论的核心思想及其启示[D].扬州：扬州大学学报，2008（6）：84-87.

等成果的发达,将世界沟通为一个地球村。所有建立在科技发展基础上的这一切,为人类的文化共享奠定了坚实的物质基础。

人类的文化日益完善了文化融合机制。文化融合,指两种或两种以上的文化经过交往接触后,彼此借鉴、吸收、交融而形成的更加完善和进步的文化过程。这一进程根据交流的文化形式而异,一般来讲,同质同构的文化交流相互的整合速度较快,同质异构的文化在交流的范围和时间上会出现一定的难度,需要人们花费一定的精力和时间不断研究对方的文化内涵,异质异构的文化虽然彼此有较大的引力,但是融合起来的难度最大,需要克服一定的困难。然而,在人类的文化融合过程中,往往是异质相吸甚于其他融合形式,这种与异性相吸的自然现象一致的社会现象,促使着人类不同文化间的相互吸引,使具备中国核心价值的东方文明备受异质文化的青睐,逐渐成为拥有普世价值的健身文明形式。

再次,人类具备了良好的交流意识和能力。封闭的环境容易导致保守的意识,开放的环境促使人们积极开拓进取。随着全球化进程的加速,人们自觉或不自觉地在资讯发达的环境中开明地对待发生在身边的各种事物,开放地进行人际互动,进而逐步养成了良好的交流能力。不同的文化,会孕育出各异的传播语境。在相对封闭,多元族群长期交往的环境中,以高语境交流为主体,人际互动具有较强的语境环境和条件,不必事事都得讲得十分透彻。而在相对开放,来自众多不同文化的族群汇聚在一起的国度,它们的语境则表现出低语境状态,人们在交流中需要详尽的语言沟通。这两种不同语境的人群的频繁交流,有利于培养人的交流意识和能力。来自不同语境的人群,只有不断地相互学习方能掌握了跨文化交流的技巧,这需要较长的时间,更需要全球化的环境。

正是这种原生态中各民族体育文化具有同质同构的属性,是人类本能互动的基础,只有这种属性和基础的互动在人类永恒的文化交融中才能达到畅行无阻。即使因为民族体育起源和发展历程是在特定的民族文化大环境中孕育、成长,个性化的民族文化烙印深刻而浑厚,地方性的格局和模式因素必然会产生一定的交流屏障,如现今的东西方体育的差异。即使因为民族体育在历史长河不断地被附加上各种符号意义,使它原本通畅的肢体符号交流受到各种屏障的阻隔,仅有可被"通透膜"认可的"离子"通过。如体育文化中的政治因素、国家意识等因素在一定程度上制约着体育文化的广泛、深入交流。然而，这样的屏障绝非"巴比伦塔"式的语言屏障，动态的肢体符号毕竟是可视、可感的直观符号形式，因此互动可能性大大增强，日益成为民族间交流的重要领域和形式。民族体育所具备的这种属性，使各个民族的体育能够表达民族风采，传播民族意识，物化、固化到肢体行为上的文化可以较好地传承民族文化。如果说近百年来，人类的进步得益于科学技术的发展，那么人类的彼此相识不容忽视的是体育文化广泛交融，通过动态肢体符号的民族体育文化有效地广泛互动，使人类建立了共享文明成果的意识，使人类彼此间学会了互相尊重、相互学习以及有序竞争，形成了人类最珍贵的价值体系，这就是以人为中心的价值理念。[1]

（三）中华民族传统体育是关注人的生存和发展的文化

有学者这样形象地解释生命的演化和文化的演化途径："生命的演化，就像从山顶往下走，最后走到相距很远的不同山脚。形成不同部落、族群、民族。而文化的演化，则很像从不同的山脚出发，最后都在同一山顶上会合。"中西方的民族体育确是在不同的时空中起源、发展，具备了各自不同的结构和功能，拥有了不同的品质，原本处于不同的"山脚"。但是，人体文化的最终目标确实是高度一致的，那就是建立在人的健康基础上的人的生存和发展，乃至人类的生存和发展，这是人体文化的共同的"山顶"。

人体文化，以及文化演化所以最后都要、都能到达同一山顶，是因为人类只有一个整体。在严格意义上，人类的整体只有一个，这就是全人类。人类的各种共同体（部落、民族、国家、文明、世界等）都是人类的局部，而不是人类的整体。人类的整体包容着人类文明的全部要素、结构、功能和历程。同时，王占阳认为各个共同体是全人类的"历史器官"，既然是不同的"器官"，自然各有不同的结构和功能，所经历的历程也各不相同。这个观点有利于认识不同民族体育的文化侧重点。人类历史器官在不同的领域创造的文明成果越是丰富，越有利于人的交流，越容易进行文化基因的重组，人类文化表现出更加系统的整体性，其功能和作用就越加完善。比如人体文化

---

[1] 恩斯特·卡西尔. 人论 [M]. 上海：上海译文出版社, 2004.

中只有动与静的结合，内与外的兼顾才能使人体文化整体上成为完整的有机系统。大凡是作为不同历史器官的人体文化都是以关注人和人类的生存和发展为己任，但是在这种不同的人体文化类型中，中华民族传统体育对人和人类的关注程度最高。

二、中华民族传统体育文化共享特质

中华民族传统体育文化是人类急需的健康文明资源。中华民族传统体育文化蕴含着许多西方，以及其他地方性文化所缺少的特质，是全人类文化的有益弥补，特别是在"养生""怡情""明神"等方面的特质表现突出。

养生，是中华民族传统体育的一个耀眼的文化特质，其实用价值在于它能够为了人们的身体健康从意识到行为进行各种修炼，有益于人的体质增强。颜之推的养生思想中十分重视从立身出发，继承了儒家重生、贵生的传统，养生应以"全身保性"为前提，"由此生然后养之，勿德养其无生也"。"夫生不可不惜，不可苟惜。"这些价值对于养生之人来说是达到养生的根本，也是儒家入世思想在养生中的体现，它有利于人的符合当时社会规范的价值意识的树立。在养生行为方面，颜之推鼓励人们进行行之有效的、务实的实用养生方法，"爱养神明，调护气息，谨节起卧，均适暄寒，禁忌食欲，将饵药物，遂其所禀，不为夭折者"[1]。这种民族体育形式对人们的生活提出了比较具体的要求，在一定程度上发挥着指导人们体育生活方式的作用。所谓体育生活方式，是一种将体育活动纳入人们日常生活之中的意识和行为规律性的生活模式，因此它对中国人来说具有非常实用的价值，至今备受人们的青睐。中国的人种体质特点有些特殊，欲将其练就成体魄强壮、高大威猛的可能性较小，其体质的强弱主要体现在适应自然的能力，这与中国的自然地理、饮食结构、生活习惯等方面有着密切的关系，对此中国人的健身养生活动就是一种"润物式"的活动方式，与西方体育"骤雨式"截然不同，只有通过这种方式和方法才能有效

---

[1]李绍猛.文化融合与普世价值[J].理论视野，2010（9）：56.

地提高民族体质。有了良好的身体状态，对生产活动而言，势必产生积极的影响，故而养生等民族体育对于生产活动也具有实用价值。

怡情，即热爱生活、娱乐人生的民族文化情怀是人生存质量的重要保障。这一点在中华民族传统体育中表现尤为明显，可以说是人类典范。中国南方的民族体育以其丰富多彩而著称于世，更以通过人体文化表达对生活的热爱。例如抛绣球，是壮、苗、白等民族喜爱的体育活动，在壮族地区这项活动每年至少开展8次，大多是逢节遇令时举行，其中三月初三举行"歌好"居多，参与的人数众多。跳竹竿已经不仅仅是京族所独享的体育活动了，由于它的协调、灵敏、欢快吸引着人们趋之若鹜，流行的地域不断扩大。打铜鼓是瑶族自宋代开始的民族体育活动内容，流传至今人们给它赋予了时代的气息和特点，更加受到民众的喜爱。背篓球是在高山族开展的由男女青年表达爱情而演化出的体育活动，这项活动能够克服场地的制约，类似篮球活动的变形运动形式，与篮球等运动可谓异曲同工，与此类似的还有打手毽、珍珠球等很多项目。上述这些民族体育活动内容大多具备十足的人情味和生活情调，人们可通过体育活动增进彼此互动，加强了团结和协作，为人们的生活平添了喜庆气氛。这些活动与北方强悍的民族体育活动所不同的是更多地表现为温文尔雅，中国北方的少数民族体育则表现豪迈、强悍的生命意志以及不畏艰辛、勇于抗争的生活志趣。生活情趣的养成是人类珍惜文化、文明的行为基础。

明神，中华民族传统体育多数内容具有浓厚的宗教情结，这种情结有益于精神上的修养，可达到明神的效应，例如庆典活动中的体育活动内容。通过这种软控制，可以有效地改善人的生活态度，对于体育而言则是能够约束其本能的野性，弘扬其理性的人性。如少林武术追求内外兼修，具备一种其他武术形式所没有的约束——参禅的悟性。同时，肢体行为的形式又成为参禅的一种具有中华特色的创新之法。少林武术的"心"论与禅宗中"不动心"是融为一体的。《少林绝技》中言：欲学技击，先学不动心。欲学技击，必须破生死观。保持沉着冷静的心态，即"不动心"，是取胜的根本，也是一个武技高超之人所具备的首要条件和最基本的素质。这里所说的"不动心"正是禅宗的根本。在纷繁复杂的社会生活中，凡事保持良好的精神状态是人类社会、人类文明的标志。

从养生、怡情到明神，可以说是一个人的完整的人生之路，在这方面中华民族传统体育给予人的一生进行了全方位的关注。这是人类其他文化中较少的文化特质。正是由于其他文化中缺乏的内容，中华民族传统体育可以提供内容上的弥补。而且这些内容是有益于人、有益于人类的文明成果，文明的成果就应该被全人类所共享。

第七章
体育全球化趋势与民族传统体育的发展

第一节 体育全球化趋势下民族传统体育的传承

"全球化"是20世纪初期伴随着西方经济势力的普遍扩张衍生出来的一个流行词汇，它由最初的经济全球化，已经演变成为包括教育、卫生、文艺、体育、哲学等各个领域的全球化趋势，已经成为当代文化研究领域中的一种普遍思潮，这种思潮将随着21世纪全球经济的广泛交流继续下去。"全球化"思潮产生的根本原因来自文化内在的社会交流，这一过程赋予了不同文化因子相异的类型，这是一个复杂的过程，在冲突与融合中继续，并在不同国体之间产生影响。但是，"全球化"绝不等同于"国际化"，"全球化"的内涵在于世界范围内文化的传播与认同，包括文化内容的交流与文化受众的增加、文化理念的接受与文化创新的协调、文化形式的符号化与文化表现的多样化统一等。在此，我们更加倾向于文化的交融性、内容的延伸性、受众的扩大性，科学性与开放性促成了人类文明发展史上的和谐动态景观。体育全球化是"全球化"进程中的沧海一粟，却表现出了"全球化"思潮的所有特征，体育自身不仅代表国家形象，而且体育的发展更有助于国家形象的建设[1]。

---

[1] 赵均.体育与中国国家形象研究[J].北京体育大学学报，2012，35（1）：32-35.

民族传统体育是我国各民族在历史的长河与发展中所逐步创建的运动项目，具有鲜明的历史性和民族性。然而近些年来，伴随着全球化态势的进一步加剧，世界范围内文化及意识形态正在遭受着强烈的融合与重生，民族传统体育作为我国独有的民族运动项目自然也遭受着来自西方体育运动项目及文化的冲击，一些民族传统体育开始沦落，民族传统体育的实践者开始转型，诸多包含民族传统体育在内的各类民俗文化节开展起来的难度日益加大，民族传统体育传承与发展问题日益严重。为了解决这些问题，我们要尽量做到以下几点。

一、正视全球化态势，坚守民族传统体育根本

当前，世界范围内政治经济文化全球化已经成为必然的趋势，而政治经济文化全球化所带来的必定是各种思潮的新变化。在这种社会背景下，我们既要引领民族传统体育适应时代的发展浪潮，又要坚守民族传统体育根本——中国民族传统体育的民族性。民族传统体育的传承与发展有两条必然的路径。

①要顺应全球化时代的发展，在经济文化全球化日益加剧的现代社会，民族传统体育文化的传承面临着诸多的困境与束缚，而破除困境与束缚的关键就是顺应全球化时代的发展。

②要使民族传统体育由民族性向世界性所拓展，民族传统体育不仅是体育运动，更是有着丰富内涵的中华文化的特有表现形式，是中国人民在长期历史实践中发展与积累的宝贵的文化遗产。民族传统体育文化滥觞于灿烂的中华文化的历史长河，是中华传统文化的结晶，因此，要坚守民族传统体育根本并将民族传统体育的优秀文化底蕴由民族性向世界所拓展。

二、加强民族传统体育现代化改造，促进民族传统体育全球化发展

全球化促进了世界多元文化的交流与融合，极度扩大了一个国家民族传统体育的传播的空间与范围，使其不再仅仅局限于自己国家，而是为地域文化走向世界提供了可能。文化的软实力对一个综合国力重要性的日趋增长也

使得一个国家应该积极地向世界推广自己的优秀的传统文化，扩大自己的民族文化在世界范围的影响力。西方体育的本质是一种竞技性的体育，相比中国，西方国家在现代化的进程中走在了前列。在与中国的体育交流的过程中，西方体育的思想内涵对中国体育文化的输入远胜于中国对西方的输入。中华民族传统体育是中华民族优秀的传统文化组织部分，是中国特有的文化形态，中华文化的载体，在现代发展背景下，必须要加强民族传统体育现代化的改造，使其民族性与现代性并进，促进民族传统体育全球化发展。

三、在自我剖析的基础上加强与世界体育文化的对话

自我剖析是事物发展的必要条件和强大动力。当前世界是一个全球化的世界，信息技术的高速发展促进了体育的传播与交融，也使不同地域的体育文化相互碰撞，跨文化对话已经成为一种民族传统体育得以前进的必然趋势。我国的民族传统体育与西方体育并非完全对立的，而是可以实现彼此的有机融合的。在这种发展背景下，我国民族传统体育应该发扬固有的"和而不同"的发展理念，积极地与世界上各种体育现象进行对话，在对话过程中汲取与借鉴他们的优点，不断地丰富自己的内涵，在更新自己、发展自己、超越自己的过程中实现自身的现代化。

现代化的政治经济与文化环境与中华民族传统体育历来所根植的中国古代的政治经济与文化环境是截然不同的，在这个过程中，中华民族传统体育自身的缺陷就难免不显现出来。除此之外，在全球化的环境下，国际交流日益频繁，中华民族传统体育还面临着西方体育运动项目的冲击与挑战。研究中华民族传统体育面临着什么样的西方体育挑战，在现代化进程中面临着哪些困境，是实现中华民族传统体育传承，寻求中华民族传统体育现代化出路的必要前提和首要任务。

第二节　体育全球化趋势下民族传统体育的发展策略

过去以民族为单位的竞赛活动，逐渐被世界性的跨国界的体育组织网络

整合起来，加之现代传播技术，形成了以奥运会、世锦赛、世界杯为支柱的全球性体育赛事。于是乎，具有不同民族背景的体育项目纷纷涌入竞技体育的大家庭，体育项目之间通过碰撞、摩擦、冲突，进而融合，这是一种历史的趋势，很难人为地改变这样的现实，而只能顺势而为。体育全球化作为体育发展共同思潮与趋势，以全球体育一体化为载体，跨越民族、地域、性别等文化的差异，不断挑战旧的体育组织模式，从根本上促进体育的发展，这已经成为一个不争的事实。

一、民族传统体育全球化思潮的根本价值

"全球化"思潮的重要价值在于两点：一是为各民族传统文化发展创造了许多可共享的资源环境；二是在必要压力之下激发各民族传统文化崛起的斗志和动力，中国民族传统体育"全球化"思潮一方面表现为"西学东渐"的机遇，另一方又不得不面对"东学西渐"的挑战。民族传统体育处在新的分化与整合之中，在"全球化"进程中，必定要改变它过去的模样，以适应全球化发展的需要。对于民族传统体育采取哪种态度，对全球化思潮下的变革过程及其结果，却有着非常重要的影响。不同文化之间的传播与冲突，是全球化思潮的一个必然结果，使得不同国家、民族的传统体育项目在同一空间中生存，原生态的传统体育文化与重叠、交织着更多体育传播而来的异质性元素的现代体育之间，也会发生激烈的冲突乃至断裂。这种"文化离散现象"将中国民族传统体育抛向了充满竞争的体育世界，可我们不得不面对这样一个现实，具有东方文化特质的中国民族传统体育，无时无刻被拥有强势地位的西方体育文化层层包围，这就使得中国民族传统体育面临着全球范围的文化重构与认同问题，在这场传统与现代、东方与西方的文化思潮震荡中，具有五千年文化背景的中国民族传统体育，必将成为体育强国崛起的一个闪光点，激发其冲破文化壁垒，屹立于世界体育之林。

二、民族传统体育传承的重要性

随着现代奥林匹克运动的不断发展，西方体育在世界体坛中的地位越来

越高，无论是体育的价值理念，还是体育的内容与形式都被深深地打上了西方烙印。在某种程度上，体育全球化意味着体育文化的西方化。目前，第三世界国家也开始重视体育事业的发展，并逐步参与到国际体育各个领域中来，许多国际运动赛事都被安排在第三世界国家举行，国际体育组织中也有许多成员来自第三世界国家，一些国家的民族体育也逐渐成为世界各国普遍接受的体育运动，融入现代体育发展主流中。然而，随着体育全球化以及世界范围内西方体育运动的推广和普及，东方国家的民族体育仅被当作西方体育的一个陪衬，西方现代体育文化的入侵打破了东方民族体育的平衡，民族体育日益衰减。因此，在体育全球化背景下，传承与保护中国民族传统体育已经迫在眉睫。

目前，世界上各种体育项目的比赛大都基本按照西方的竞赛规则进行，东方的民族传统体育文化，在体育全球化的趋势下逐步衰退，西方的体育文化逐渐引领了世界体育文化的潮流。这种单一的、同质化体育文化不仅影响着东方人的体育价值观，也违背了多元体育文化的发展。

中华民族传统体育强调身心的愉悦，讲究娱乐性、审美性和健身性。而西方体育更加强调竞技性，人们追逐、崇拜竞技场上的佼佼者，将竞技场上的佼佼者称为英雄。中国传统文化比较重视人和社会、自然的和谐共处，体育所传承的是一种精神和理念。在体育竞技中，胜固可喜，败亦无忧。中国传统体育把胜负看成是人生的一种磨砺和锻炼。然而，由于西方体育文化价值观的冲击，中国传统体育价值观渐渐地被人们忽略，许多中国传统体育项目也渐渐地淡出了人们的视野。

三、全球化趋势下民族传统体育应当处理好的两大关系

（一）继承保护与改革创新

现今，很多传统体育项目已经失去了往日的色彩，如武术作为中华民族的瑰宝，在竞技化难美技术追求的驱使下，再也不能发现武术拳拳到肉、脚脚穿心的真实感觉。民族传统体育项目的岌岌可危，正是国人担心的主要内

容。20世纪90年代流行的"创造武术"热潮也因脱离武术的本质而夭折。正所谓"皮之不存,毛将焉附",在这样残酷的发展现实下,对中华民族传统体育的继承与保护,成为文化发展的当务之急,如每4年一次的全国少数民族传统体育运动会,"尽管是全国性的运动会,观众少之又少是不争的事实,但以文艺表演为主的开、闭幕式除外,各省、市民运会概莫如此[①]"。民族传统体育正在世界体育文化大潮中逐渐失去话语权,可见,对民族传统体育的继承与保护刻不容缓,同时要统筹好传统与现代、改革与创新的关系,只有科学的继承保护与改革创新,才能使中国民族传统体育在世界体育文化中拥有主动权。

(二)竞技化与民俗化

民俗化与我国人民的生活方式有着血脉相连的紧密情感,面对西方竞技体育的纷至沓来,任何有损于民俗文化特征的事物,都不可避免地让人们产生"灞桥折柳"般的难舍之情,这种两难选择也是深刻影响我国民族传统体育发展的隐性因素。西方的现代竞技与中国的古代民族体育之间如何协调,是个两难的抉择问题,若一味追求竞技体育价值而丧失民族特色,将会造成民族传统体育的另类悲哀。同样,如果闭门造车看不清世界体育文化的发展趋势,又将成为另一种极端。事实也证明了彼此矛盾的尖锐性,纵观民族传统体育的发展,那些成功的民族传统体育竞赛项目,并非因为其竞技性有多强,而是因为具有文化内涵而受到追捧。中国民族传统体育的改革应当把握方向,民族传统体育有区别于竞技体育,它所具有的民族性、娱乐性、历史性、特殊性和普适性等文化特征,才是支撑其发展的本质特征。若失去了这些本色的民族文化与信仰,被现代竞技体育同化,民族传统体育的发展之道将会迷失方向。

---

① 罗兰·罗伯森. 全球化:社会理论和全球文化[M]. 上海:上海人民出版社,2000.

四、我国民族传统体育发展策略分析

（一）宏观策略

1. 树立"和而不同"的文化平等观念

自从鸦片战争开始，我国民族传统体育的发展也与西方竞技体育之间开始了长达一个多世纪的"不平等交往"。在这样的历史背景下，民族传统文化自身的内部矛盾推动机制遭到破坏，"我国民族传统体育开始走入一个极端痛苦的文化发展图景之中，极不情愿地走进了一个西方文化单向度的传播模式之中"。[①]大量关于"民族化""本土化""西方化""全球化"的学术争论，也充分表露出实现文化"平等交往"的内心渴望。辩证唯物主义告诉我们，不管是迫于拯救民族传统体育文化的历史责任感，还是为世界体育作出应有贡献的急切心态，两种体育文化体系之间并无优劣高低之分，我们必须同西方竞技体育文化之间实现真正意义上的"平等交往"，这首先是一个态度问题，然后才是一个发展问题。民族的振兴绝不能以丧失民族特色为代价，"在全球化的时代，面对开放、多元化的世界，必须在各民族的文化对话中相互尊重"。[②]

2. 建立民族传统体育文化自省机制

西方竞技体育文化是伴随着西方文明的坚船利炮在中国大陆繁衍起来的，中国民族传统体育文化却经历了百年的"文化自卑"。"受到此种历史境遇的影响，国有的国家信仰贬值，国民普遍的精神状态就是民族自卑感激增，对外界的反感和对自身的怀疑迫使国人获得了挑战一切价值规限的原始

[①] 王岗. 民族传统体育发展中的问题：文化模仿 [J]. 体育科学，2006，26（7）：71-74.
[②] 李念. 孔子思想怎样影响21世纪 [N]. 文汇报，2009，10-21（8）.

欲望。"①这种境遇已经伴随着改革开放的历史洪音和综合国力的迅速提升而一去不返，我们应当尽快清醒过来应对文化自戕行为，必须依靠完善的"文化自省"机制，综观当前形势下的民族传统体育文化，很多民族传统体育项目逐渐消失在人们的视野，如鼓舞、铃铛舞、霸王鞭等多种民族体育项目正逐渐退出实践历史的舞台。所以，唯有适时建立我国民族传统体育文化发展的自省机制，才可扭转这一被动局面。

3. 培育与时俱进的文化自强精神

有关学者曾经指出："文化全球化背景下，民族文化如何丧失了内在活力，缺乏自强意识，没有自己继承和保护，在文化交融中就处于被动地位，从而丧失竞争力。"中华民族传统体育的特色内涵正在被逐步同化，面临世界体育文化的竞争，单纯的外壳已经显得苍白无力，中华民族传统体育项目若要实现"文化自强"，就必须定位自身的文化特征。脱离文化的体育犹如无根之木，无源之水，民族传统体育的灵魂在于其文化特性，文化特性决定了民族传统体育发展必须要强调其民俗、休闲、娱乐、教育和健身等价值，而不能仅仅陷入在"体育"的牢笼之中，这对民族传统体育发展具有重要的意义。

（二）微观策略

1. 坚持民族传统体育"由内而外"的扩散式发展模式

民族传统体育文化繁衍生息的实然面貌，是建立在其原生态基础之上的，"由内而外"的扩散发展才是它应时代之需改革创新的根本途径。政府行政主管部门制定"一刀切、一股脑"式发展方针，不适合个性多样、族类多样的少数民族传统体育。民族传统体育应当采取"自下而上、先扩散后集中、先扶持后监管"的方式寻求发展，通过举办少数民族内部各种传统体育

---

①邱丕相.全球化背景下民族传统体育发展的思考［J］.体育与科学，2007，28（8）：63-65.

竞赛，以体现本民族历史、习俗、器具、生活方式、艺术文化特色为主要目的，形成规律，吸引异族人和外来人的参与兴趣。借此方式将本民族的族系文化影响力逐步扩大，形成地域族群、省市、国家族群之间百花齐放的文化竞争态势，也只有这样，整个民族体育事业才能够最终形成"以点带面、交叉纵横、你中有我、我中有你"的民族体育大发展景象。

2. 开发体育旅游发展当地经济以实现族人回归

人是一切社会活动的主体，人员保障是少数民族体育得以延续发展的关键保障。少数民族地区有着独特的生态、人文、环境资源，成为促进当地经济发展的重要资源，体育旅游项目的完善不仅能够扩大以上资源的社会响应，还对民族传统体育起到实际的刺激和推动作用。然而，制约其健康发展的关键因素是当地人对社会外部环境的涉猎尝鲜和经济利益诱惑导致的人员流失。

因此，必须通过适当开发当地民俗旅游资源的方式，改变城市生活压力的增大、物质生活水平的提高、回归自然的本能心态，实现体育旅游的社会保障。这样既能促进少数民族地区经济的快速发展，提供足量的就业岗位，还能够让他们对本民族传统文化的振兴和发展充满信心，使之更加热情地投入到民族传统文化的发展浪潮之中，最大程度上扩大民族传统体育文化的社会影响。

3. 加强对民族传统体育稀有人才的保护力度

人是一切文化创造与传承的主宰，对于民族传统体育来说，格外应当加大对稀有人才的保护力度。四川"羌笛"民间艺术的抢救存留证明了对民族传统体育"活态"资源，也就是人的保护的迫切性。"今天，中华民族优秀的传统文化正承受多方面的冲击，也正在面临流失……靠口传记忆傩戏的老人们正在讨论明年谁来出演？"[1]

---

[1] 路云亭. 论国家体委现象[J]. 体育与科学，2008，29（3）：29-34.

尽管每年都有不少外国人来中国学习武术，但彼此文化背景的差异决定了他们更多的关注技术动作，停留在武术文本上的梳理，而缺乏对中华民族民俗传统文化魅力的细微认知。虽然从国家到地方政府都在制定非物质文化遗产代表作名录，但仍不能从根本上加强对民族传统体育活态资源——人的保护。因此，保护民族传统体育文化，关键是对体育人的保护。

4. 充分发挥学校体育教育的群体认知作用

目前，我国学校体育教育经历的是西方竞技体育项目"一统天下"的发展格局，尽管中小学生在接受着当地民族传统体育的熏染，但没能充分利用学校这一特殊教育阵地将少数民族传统体育文化扩大化。尤其在高等体育教育阶段，少数民族学生缺少展现民族体育魅力的舞台和机会。因此，在推进体育课程改革的进程中，应当将民族传统体育项目作为引入课堂、开发课程资源的重要内容。这不仅是对民族传统体育文化的有效继承，也满足了汉族学生对少数民族传统文化的好奇心，形成了少数民族体育与"大体育"文化之间的良性互动，还从根本上落实了"以人为本"的教学指导思想。

第三节 体育全球化趋势下民族传统体育的发展途径

一、实现民族传统体育全球化的途径

（一）基本理论与方法体系的"标准化"

武术的发展已经率先提出了"标准化"问题。要推动武术运动的国际化发展，并保持健康、持续的发展态势，必须站在历史的高度，用不断发展的眼光去审视武术；站在民族的高度，去弘扬武术；站在文化的高度去挖掘武术。为了这一远大目标，国家体育总局武术运动管理中心在2010年底正式提

出，将2011年定为"武术工作标准化年"[1]。武术标准化作为2011年武术工作的一个主题，是推进中国武术繁荣发展的重要举措。武术的标准化与段位制的实施，是大势所趋，是武术适应时代发展的需要。[2]

目前，民族传统体育学科发展模式和学科体系的建设尚未成熟，薄弱的理论给实际工作带来诸多不便，面对这种严峻形势，我们必须清楚地认识到学科建设对学科发展的重要性，并把学科建设问题摆在重要的、优先发展的地位来进行研究。正如恩格斯所说："一个民族要想站在科学的最高峰，就一刻也不能没有理论思维。"[3]

（二）以留学生教育为切入点，大力发展教育国际化

增强留学生教育是中国进入国际教育发展的一个很好的切入点，也是走向教育国际化的必由之路。[4]很多国外留学生就是从学习中国民族传统体育才开始了解中国、认识中国进而热爱中国。更主要的是，来华留学人员学成回国之后，也把学习的中国民族传统体育传到了自己的国家，留学生就像是活招牌一样把中国民族传统体育宣传到世界各地。因此，大力发展海外留学生教育，对民族传统体育全球化的实施具有重要的和长远的现实意义。

第一，要制定具有战略性发展的法规和政策。长期以来，民族传统体育大多以民间形式，自发地在国外开展教学活动。教学形式五花八门，极不规范，缺乏统一的目标，甚至有的人只在于个人谋生而为。因此，由国家出面制定具有战略性的、反映国家意志的教育法规和政策，将民族传统体育教育全球化发展的要求和标准规范起来，从而保证民族传统体育教育国际化的可持续性和稳定性。

第二，要有学习和借鉴意识，加强国际化的合作和交流。这一点可以借鉴孔子学院的办学模式和思路，甚至可以在孔子学院的教学内容中增设民族

---

[1] 郑楠.武术标准化来得正是时候［N］.中国体育报，2011-01-13.
[2] 王霞光.武术发展将推进标准化［N］.人民日报，2011-02-10.
[3] 马克思恩格斯选集［M］.北京：人民出版社，1972.
[4] 林继遥.对外汉语教学话语构建研究［D］.大连：辽宁师范大学，2011.

传统体育课程，开展与民族传统体育有关的资格认证，例如武术、健身气功的段位制培训、考评和认证，满足国外学生学习并传播民族传统体育文化的需求，进而有力提升我国的文化软实力。

同时，还要加强校际民族传统体育文化的交流与合作。通过对国际学生的民族传统体育教育，使他们更好地了解中国的社会、历史、文化、政治等方面，增加对中国的认识和兴趣，更有利于中国的国际交往，有利于中国软实力的增强。

二、实现民族传统体育全球化的发展模式

新世纪的中国已成为一个全方位开放的社会，世界各国的文化包括体育文化会迅猛地涌进，对中国文化包括体育文化形成冲击和影响，成为中国各民族传统体育发展的文化动因。中国体育文化要成为世界体育文化的组成部分，参与世界体育文化的对话与交流，就必须以民族体育文化为根本，寻找有效的发展途径。

（一）民族体统体育的竞技化模式

在新时期，中华民族传统体育发展存在的根本问题是民族传统体育文化与现代体育文化的脱节。对中华民族传统体育进行竞技化模式的改造，是指以科学求实的态度，从世界的高度来审视中华民族传统体育，积极参与世界文化的交流，自觉地摒弃一些不符合科学原理、缺乏时代感的原始因素，借鉴现代体育竞赛规则、运动技战术、教学训练手段、竞赛组织与管理的基本理论方法，对一些民族传统体育项目进行改造、整合，使之既富于时代性又保持民族特色，实现自身的创新发展，促进国际体育文化的进步。

今天，开放的中国正敞开胸怀拥抱世界，融入世界文化，这为中华民族传统体育走向世界提供了条件。欧洲杯、NBA、美洲杯、柔道、跆拳道等体育项目与竞赛吸引着世界各地的人们，成为大多数国家体育的主体，这正是各民族传统体育产生互动的结果。中华民族传统体育正处在一个全新的环境，要以自身价值为基础，跟上时代的步伐，借鉴现代手段，融入世界，才能与世界文化共荣。

第七章 体育全球化趋势与民族传统体育的发展

目前，在我国，各省市自治区基本上都已形成开展民族体育运动会制度，这为各民族的传统体育项目提供了展示的舞台。民族地区在一些民族传统体育（或相近似）项目上，显示出较强的民族优势。如内蒙古自治区有广为开展，并且已经形成制度的"那达慕"大会作为根基，因而在摔跤、马术等项目上占有优势。因此，突出地方民族特色，以"那达慕"这种形式出现的地域性较强的民族体育运动会，应被视作中华民族传统体育竞技化模式改造的方向。

中国少数民族传统体育的多样性是民运会存在的一个前提。中国传统文化的主体部分是在河谷平原的摇篮中发育成长的。但其边缘部分却选择草原文化、森林文化、高原文化、海洋文化以及游牧文化、渔猎文化，并由此繁衍出不同的文化传统，铸造了中华民族体育文化的多样性，使中国的汉民族体育文化和少数民族体育文化构成了一个蔚然壮观的文化丛林。每个民族都要发展自己具有民族个性的文化而自立于世界民族之林，体育活动则是其中重要的组成。如果蒙古族停止了"那达慕"，傣族忘记了"泼水节"，朝鲜族没有了"荡秋千""蹬跳板"，侗族中断了"抢花炮"……将是不可想象的一种民族文化损失。

最近，有学者提出将"中国少数民族传统运动会向东方运动会转型"[①]的战略设想。"东方运动会"突出表达了一种理念，它以东方的哲学思想为自己的文化背景，提出东方运动会的哲学思想应该是多元的，只有包容了印度、日本、东南亚、西亚各国的思想精髓，东方运动会才能有生命力。强调东方运动会还必须与奥林匹克运动的哲学思想有所区别，要更体现人性，更富有亲和力，更少功利的追逐，更强调多民族文化的融合和相互理解。以全新的活动方式，不是精英型的选拔式和强力展示，而是联欢型的体育节和娱乐参与。注重对健康、健身、休闲的表达，关照老年人、妇女等群体的体育参与倾向，以及对一些人群寻求新的体育形式的时尚性关注。这一具有建设一种大体育文化的眼光，给我们提出了一种思考，也就是全球化背景下的文化多元性与中华民族传统体育的生存空间。

因此，作为一种新型体育文化的再创造，无论是东方运动会，还是东南

---

① 卢元镇．希望在东方体育文化的复兴［J］．体育文化导刊，2003（10）：16-19．

亚运动会，各民族创造的多姿多彩、风格迥异的民族传统体育，从一个崭新的角度显示出人与自然界与社会的特殊表现，是对人的创造力和才能发挥程度的鉴定。

（二）中华民族传统体育的生活化模式

现代社会发展使人们的价值观念及其生活方式发生了很大的改变，形成了民族传统体育文化现代发展的社会需求动因。振兴中华民族传统体育，面向全社会的推广、普及工作尤为重要。因为任何一个国家和民族的体育形式要为世界人民所接受，首先是要在自己国家有广泛的群众基础，形成文化上的认同。走"生活化"道路是中华民族传统体育可持续发展的一个重要途径。

随着我国综合国力的大幅度提高，整个社会物质财富的极大丰富，人们的日常生活已由关注基本的物质生活资料的获取转化为关注生活质量的提高。从人们的生活需要内容看，物质生活需要与精神生活需要并举，且具体需求丰富多样；从需要层次看，生存需要作为生活主体的最基本的需要已不是最主要的内容。具体表现为生活主体对更多、更好的物质成果和精神成果的实际享用，从而得到满足、舒适和惬意。同时，生活主体关注提高自身素质，发挥自身潜能和促进自身全面发展，这构成了人们日常生活需要的多面性和多样性。

工业化、自动化的大机器生产，在给人类带来巨大财富的同时，也给人类健康造成了不良影响。现代社会的"文明病"成为日益严重的社会问题，使得"生命在于运动""健康在于锻炼"的体育观念，从体育运动中获得健康、长寿的体育价值取向日益增强。民族传统体育项目以别具一格的民族艺术、审美观、民族情感及意蕴深厚的健身观、古朴自然的娱乐性悄然走进人们的生活，为人们紧张而繁杂的生活增添了丰富多彩的意趣和卓有成效的健身功效。

由此可见，民族传统体育担负着提高人类自身质量的社会责任，极大地丰富了它的内涵。人们将民族传统体育作为奠定追求幸福生活的基础，将在新世纪对人类的生存和健康发展产生不可估量的影响。实际上，20世纪60年代，以武术为代表的中华民族传统体育文化就已经走出了亚洲、走向了世界，走进了西方人走入了西方人的日常生活，成为其一种强身健体的活动方式。

第七章　体育全球化趋势与民族传统体育的发展

目前，中国古老的太极拳运动已走出国门，在国际社会中产生了强烈的反响。很多国家上到政府，下至广大民众，都把太极拳作为一种健身防病的有效手段，为提高国民体质发挥了积极的作用，受到世界越来越多国家人们的欢迎。

我国现行实施的《全民健身计划纲要》为我国民族传统体育提供了一个有利的发展空间，因此，应该把握机遇，正确、全面地认识民族传统体育，分清其精华和糟粕，使更多的人理解并参与其中，同时，可利用中国传统节日适时地推出一系列的传统体育活动，使中华民族形成强大的凝聚力，促进中华民族传统体育在海内外的广泛传播，从而达到超越国家和民族的界限，为全世界所接受，成为全人类共同的财富。

民族传统体育项目往往是一个民族发展的缩影，同时也反映了这个民族的某些特征。中国有近千项民族传统体育运动项目，其数量和形式丰富多彩，堪称世界之最。其活动方式的灵活性、独特性、趣味性形成了得天独厚的优势，这些是现代体育所缺乏的东西。目前，由于大多数竞技运动项目已经发展到了耗资巨大的近乎杂技化的高超水平，一般群众仅满足于观赏，受场地、经费、技能学习等诸多因素的限制而被禁止进入。因此，着眼于发展群众体育、走健身愉心的民族传统体育生活化道路，是体育短暂异化的回归，顺应了跨世纪的社会需求。

传统的体育生活方式作为一种文化模式，积淀于民族的文化心理之中，具有极强的生命力和稳定、坚韧的结构形态，世世代代地传承下来。我国少数民族由于生活地域不同，风俗习惯、宗教信仰等方面也各有差别，产生了许多丰富多彩的节日活动。在这些众多的民族节日中，有些是直接用单项传统体育项目命名的。这些节日，不管是祭祀性与纪念性的，还是庆贺性与社交娱乐性的，都与传统的体育活动有着不解之缘。例如，在贵州、湖南、广西相毗邻的侗族地区，最热闹的传统节日"花炮节"；广西壮族聚居的地方，每年都要举行有名的体育盛会"陀螺节"。还有一些节日，虽然不是以体育项目命名的，但其中也糅进了较多的体育成分。节日为体育活动提供了良好的场所，体育活动又为民族的节日内容增添了绚丽多姿的色彩，相得益彰，互相生辉。

然而，在我国，民族性的传统节日太少，可能是世界上最少的。现代国家的节日有三个主要来源：政治性的、宗教性的和民族传统节日。岁时节令及习俗是民族文化传统的重要组成部分，是增强社会成员的文化认同，保存、传递文化传统的重要途径。中国的传统节俗是可以与现代生活合拍的，世界各地的华人，都以大致相同的感情和习俗度过春节、清明、端午、中秋、重阳这些传统节日。在一些华人地区和国家，不少民族节日已经辟为法定假日。因此，利用节假日、周末、交易会，因地制宜地开展丰富多彩的群众性体育活动，是民族节日中不可缺少的重要内容。我国也可以通过立法，拟考虑把元宵、清明、端午、中秋等中国传统节日作为法定节日确定下来，使之成为春节之外的一些重要的民族节日。丰富多彩的民族节日与传统体育活动是我国全民健身运动的合理内核，将为中华民族传统体育走"生活化"模式的道路奠定坚实的基础。

（三）中华民族传统体育的市场化模式

人类社会已经进入第三代生产力时代，即电子时代的智能生产力时代。第三代生产力的显著标志是文化与经济崭新关系的建立，其重要特征是"文化的经济化"和"经济的文化"，以及由此产生的当代文化经济的一体化趋势。[①]所谓文化的经济化，就是指文化进入市场，文化进入产业，文化中渗透经济的、商品的要素，使文化具有经济力，成为社会生产力中的一个重要组成部分。而文化的商品性被解放出来，其本身的造血功能也就得到了增强，就可能进入良性循环的发展机制。

市场经济的发展给中华民族传统体育提供了新的发展机遇。大量事实证明，体育已成为应对现代工业社会对人体可能造成的健康危机的首选方式。不同年龄、不同性别、不同职业、不同健康状况的人们，所选的体育手段和方法可能各不相同，但追求生理和心理健康的目标却是一致的。中华民族传统体育只有顺应市场经济的发展要求，才能获得生存与发展。

中华民族传统体育要发展就必须面向市场、面向大众。大众消费的潜力是体育发展的动力，只有大众体育消费才有体育事业的前途。面向大众，从

[①] 金元浦. 重新审视大众文化 [J]. 中国社会科学, 2000 (6): 143.

第七章 体育全球化趋势与民族传统体育的发展

人群来讲,第一,社区将是我们今后发展的重点,尽管现在社区体育发展不尽如人意,但社区的发展将是中国未来发展的方向,是提高人民生活质量的一个通道。其次,农村体育必须得到重视,如果中国的现代化将农村和农民排斥在外,必将是一种"伪现代化",中国体育亦是如此。现在农村体育是非常薄弱的,但是市场潜力很大。将一些民族传统体育项目进行合理开发利用,则能为大众的身心健康服务。

"随着经济的精神化,起决定作用的已不再是物质生产,而是如何借助物质载体更好地满足人们的精神需求。"[①]各行业、部门在借助大众传媒给自身带来了巨大效益的同时,也带动了传统物质生产的精神经济的改造。如在民运会比赛期间,体育用品和体育纪念品的生产销售保持强劲的增长势头。从运动鞋、运动服装到体育用品、健身器械等无一而足。

但是,不同体育项目有不同的产业化方式,不能一个模式套。体育也分为企业式经营的,事业式经营的,也有完全公益性的。体育产业起码要划分为两大部分,一是体育活动自身的经营,如广告、门票收入、体育中介经纪等;二是与体育相关的产业,如运动服装、体育器材、体育保险、运动旅游、体育彩票等。体育产业有本体的,也有为体育服务的。还有很多具体的分类。不同情况,体育产业化程度就不一样,方式就不一样。国家进行体育管理,就有一个协调各种体育产业类型使之全面发展的任务。

就产业化而言,常年流传于人民日常生活中的民族传统体育,深受广大群众喜爱,有着广泛的群众消费基础,加之民族体育投入少、价值低,在目前的经济水平下,符合大众的消费能力。因此,一些已具备市场发展条件的项目或活动可以进入市场开发。现阶段,一些民族传统体育项目已经走上了产业化道路,如舞龙、舞狮等,并实行了较好的市场运作方式。

中华民族传统体育因其独特的魅力,经济开发价值非常大。如果能够很好地运用市场规律,学习和借鉴一些项目和团队率先走入市场的经验,引入良好的现代运作手段和形象包装,逐步把具备市场前景的一批传统体育运动项目推向市场,可以更好地促进自身的发展。

---

① 李向民. 精神经济[M]. 北京:新华出版社,1999.

第八章
高校民族传统体育专业发展展望

第一节 民族传统体育专业的发展现状

自中华人民共和国成立以来，党和国家十分重视民族传统体育在高校教育中的发展。尽管民族传统体育专业在其建设过程中也曾出现过不少争议问题，但目前，民族传统体育专业已经建立起较为完善的教育教学体系。

一、民族传统体育专业建设历程回顾

高等教育建立民族传统体育专业是民族传统体育的一件大事。民族传统体育专业发展的基础是武术专业。在我国，武术作为一个专业列入教育的历史非常悠久，最早要追溯到西周时期。在以后漫长的封建社会里，武术作为教育专业以各种形式存在并得到相应的传承与发展。

1840年鸦片战争爆发，这是一场近代西方火器与东方冷兵器的大比拼，其结果是冷兵器完败，从此，冷兵器正式退出中国军事斗争历史的舞台。但是，战争不完全是兵器的比拼，在一些巷战和近身肉搏中，传统武术中的格斗术是必不可少的，并且能在战斗中占有很大的优势。除了格斗，武术的强身健体功能与西方体育相比也有不错的效果，于是武术在军事教学中被保留下来，在中国近代举办的各种军校和讲习班中，武术几乎是必修项目，战士们通过武术训练，在肉搏战中一展身手，占有较大的优势，体现出较大的价

值,武术作为一种传统教育被完整地保存下来。

民族传统体育中的武术是最早作为体育专业列入我国高等学校教育课程之中的。1915年,全国教育联合会第一次会议通过《拟请提倡中国旧有武术列为学校必修课》的议案。1916年到1917年,北京高等师范和南京高等师范相继开设体育课,武术作为一门课程正式列入高等教育课程,后来北京体育讲习所(北京体育大学的前身)专门培养武术师资(学制三年),这是武术作为体育专业的开始。1933年中央国术馆创办"中央国术体育传习所",招收三年制专科武术班。

中华人民共和国成立以后,党和政府十分重视民族传统体育的传承与发展工作,决定学校体育与社会体育同时抓起,特别是高校体育教育工作,高等院校成为民族传统体育教育工作的一个重点。1958年,北京体育学院和上海体育学院相继成立了武术系,随后其他的相关体育院校(系)也相继开设了武术专项选修课。1961年体育院校本科教材《武术》正式出版,这为武术专业本科建设打下了坚实的基础。

1963年,教育部经国务院批准,第一次发布了全国统一制定的《高等学校通用专业目录》,体育类下设8个专业,"武术与体育"正式成为高等教育本科专业。尽管从1963年到恢复高考这段时间高等教育经历了波折,但武术专业还是被完整地保留下来。

1993年7月,国家教委重新颁布《普通高等学校本科专业目录》,武术(代码040306)和其他6个专业共同构成体育的全部专业。《普通高等学校本科专业目录》的颁布推动了武术本科专业的发展。武术教材自1961年出版后,先后修订了5次,武术专业的课程也日趋成熟,能够独立开课,形成了较为完善和科学的教学体系。

1998年7月,教育部重新颁布《普通高等学校本科专业目录》,体育上升为一级学科,下设体育教育、运动训练、社会体育、运动人体科学和民族传统体育5个专业,武术专业拓展为民族传统体育专业,下设武术、传统体育养生、民族民间体育三个方向。部分体育院系将武术系改为民族传统体育系,也有保留武术系名称的体育院系,但教学内容开始向武术、传统体育养生和民族民间体育三个方向拓展。民族传统体育专业的设立改变了以武术为主导的教学内容体系,重新构建以武术、传统体育养生和民族民间体育三个方向的教学内容体系,这就对民族传统体育专业师资队伍的质量与数量提出更高的要求，同时，还要建立起相对应的教材体系。

2012年9月，教育部颁布新的《普通高等学校本科专业目录》，体育学类下设体育教育、运动训练、社会体育指导与管理、武术与民族传统体育和运动人体科学共5个专业。将民族传统体育更名为武术与民族传统体育。这主要是基于以下原因：[①]

①突出武术在民族传统体育中的位置，武术专业办学有较长时间的积淀，武术在国内外有较大的影响，有一定的知名度，便于人们对民族传统体育专业的理解。

②武术教学已经形成较为完整的体系，而民族传统体育的教学与研究体系尚未完全建立，有待进一步完善，许多专家对武术和民族传统体育的教材与教学体系还有较大的争议，课程体系有待进一步建立与完善。

③毕业生的就业渠道有待进一步拓宽，武术专业有较长时间的积淀，用人单位比较了解武术专业的毕业生，而对民族传统专业了解不够，有待加强宣传，提高就业单位的认知水平。为了能够拓宽民族传统专业体育毕业生的就业渠道，专业更名为"武术与民族传统体育"更为妥当一些，以便人们能够全面了解民族传统体育专业。

武术与民族传统体育专业的建立，无疑给民族传统体育增加许多压力，也创造了发展的平台，对专业建设和师资队伍的培养和教学体系的构建等方面提出了更高的要求，同时也给民族传统体育带来新的发展机遇，使得人们能够充分了解民族传统体育，为我国民族传统体育的发展奠定基础。

由上可见，中华人民共和国成立以后，民族传统体育专业主要经历了三个发展时期，武术时期、民族传统体育时期、武术与民族传统时期。这三个时期的着眼点和发展状况是不相同的，对民族传统体育的认知水平也不相同，民族传统体育专业的发展过程是根据不同时期人们对民族传统体育的认识和社会认可度的再平衡过程。随着人们对民族传统体育专业了解的加深，相信武术与民族传统专业最终会回归为民族传统体育专业。

---

①薛欣.武术与民族传统体育专业教育现状和发展思考[J].北京体育大学学报，2013(1)：102-107.

二、高校武术与民族传统体育专业发展状况

教育部于1963年第一次统一制定了《高等学校通用专业目录》，以武术专业为龙头的体育本科专业正式开始了发展。

20世纪80年代末期到90年代初期，我国各大体育院校先后成立武术系，设立了武术专业，没有成立武术系的体育院系也相应设立武术专业，至此，我国高校培养出第一批具有学士学位的武术专业人才。1982年，国务院批准上海体育学院为第一个武术理论与方法的硕士学位授权点，此后几年，一些体育学院相继申报并被批准设立了武术硕士学位授权点。1996年，上海体育学院设立了第一个武术博士学位授权点。武术进入了学术最高殿堂。自此，武术形成了学士、硕士、博士三个层次的学位制度，并且成为体育一级学科以下的4个二级学科之一。1998年教育部将民族传统体育专业列入新修订的高校专业目录，将武术专业向民族传统专业转轨，民族传统体育专业设立了武术、传统体育养生和民族民间体育3个教育专业方向。绝大多数体育院校对武术专业进行了调整，实现了武术专业向民族传统体育专业的转轨。

武术向民族传统体育的转轨，不单是在教学内容上的扩大，同时也带来了一系列的问题。一方面，从武术专业推进到民族传统体育专业，实现了专业扩大，是全面传承和发展民族传统体育的机遇，同时也是一次严峻的挑战。另一方面，专业的转轨，教学目标、教学内容、教学方法、教学评价体系、教材建设、毕业生流向等均需要一个重新整合与调整的过程。特别是民族传统体育专业毕业生的就业问题。许多用人单位对民族传统体育专业毕业生了解不够，严重影响了毕业生的就业，给专业建设带来较大的困难。2012年出台的本科专业目录中，将民族传统体育专业更改为"武术与民族传统体育专业"，提高了社会对民族传统体育的认知水平，以武术的良好声誉给民族传统体育专业创造发展契机。[1]

民族传统体育专业的招生工作直接关系到民族传统体育专业的生源质量，关系到专业的人才培养。从1986年起，经国家体委和国家教委批准，国

---

[1] 杨建成.民族传统体育发展研究[M].南京：河海大学出版社，2015.

家体育总局直属的六所体育院校实行运动训练专业和民族传统体育专业的单独招生制度，其他开设民族传统体育专业的体育院校也相继获得单独招生的资格。到2013年，我国具有民族传统体育专业单独招生资格的高校已经达到46所，单独招生为民族传统体育专业创造了一个从招生到培养毕业的稳定发展环境。但是，单独招生的生源质量问题始终是困扰着民族传统体育专业发展的难题之一。单独招生使民族传统体育专业能够招到技术非常优秀的生源，但学生文化水平低下始终是民族传统体育发展的瓶颈。如何提高招生生源的整体质量，是我们国家应该引起重视的根本问题。

民族传统体育专业在国家的重视和扶持中发展，现已形成自己独立的体系。然而，民族传统体育专业还有很多艰难的路要走，还有许多问题亟待解决。

三、民族传统体育专业建设的成就与存在的问题

民族传统体育专业经过多年的建设，取得了许多成就。但在取得成就的同时也暴露出很多问题，下面分别对民族传统体育专业取得的成就和存在的问题进行剖析。

（一）民族传统体育专业建设的成就

民族传统体育专业是教育部《普通高等学校本科专业目录》中一级学科"体育"下的一个专业。从武术专业到武术与民族传统体育专业的转变，是从一个普通的专业课，发展为学士、硕士、博士三个学位授予权齐全的专业，这是一个质的飞跃，是国家对民族传统体育的关心，是国家对民族传统体育文化的重视，也是全体体育同仁们共同努力的结果。民族传统体育专业在建设成长中取得的成就有如下几个方面。

第一，民族传统体育专业的开展对于弘扬民族精神、传承祖国文化起到积极的推动作用。民族文化从地方走向世界的过程，就是文化传播的过程。在文化传播的过程中，高等教育担当着十分重要的角色。过去，民族传统体育有着自己各种各样的传承形式，现如今，主要以家庭和社区的民间自发的方式来进行，这种传承方式由于地域和手段的单一化，难以与世界文化接轨，我国的文化传承出现断层现象。高校是传播文化的重要阵地，在吸收、

借鉴外国先进文化的同时，也是传承祖国文化十分重要的场所。民族传统体育专业是对我国民族传统体育文化进行挖掘、研究、传承的重要专业。进入民族传统教育专业的学生，绝大多数有过学习民族传统体育的经历，有的还是非常专业的民族传统体育运动员。这些学生对民族传统体育有深厚的感情，部分学生毕业后还要从事民族传统体育的相关工作，因此，他们是民族传统体育最优秀的传承者和实施者。通过民族传统体育专业的教育，培养出一批又一批优秀的民族传统体育专业人才，使民族传统体育文化在发展中得以传承。因此，民族传统体育专业教育是民族精神和传统体育文化最佳传承途径之一，也是民族传统体育传承的最高形式。[①]

第二，民族传统体育专业完善了教育结构，扩大了规模，加强了与其他文化的交流。在以武术专业为基础的体育教育过程中，民族传统体育专业发展到今天，形成较为完善的教学体系和多类型、多层次的办学格局。从1998年到2014年，民族传统体育专业办学规模不断扩大，招生人数是最初的7倍之多。民族传统体育专业由以前仅有体育院校举办到目前师范类学校和综合大学均有设置，形成了办学多元化的格局，拓宽了办学途径，拓展了学生的知识和视野，造就了更多的人才。民族传统体育专业自我完善和提高的过程也是整个高校教育结构不断完善的过程。

到2014年为止，体育作为一级学科已经建立起自己完善的学科体系，武术与民族传统体育专业克服困难、总结经验，已经初步形成自己的学科体系。为了扩大专业的发展视野，民族传统体育专业加强和国外高校、各类学术团体的合作与交流，借鉴国际上先进的办学经验，成功拓展了办学理念，进一步解放了思想。武术和传统体育养生以其独特的文化内涵和演练方式展现在世界各国人民面前，吸引了大批世界各地的留学生来华学习，实现了中华文化的对外交流，民族传统体育专业的国际地位进一步提升。

第三，民族传统体育专业健全了体育学科体系。在体育学科成立之初，只有体育教育和人体科学两个专业，民族传统体育在体育教育中，只有武术课程。体育学科的建设力量比较单薄。民族传统体育专业的发展实际上和学位教育的发展是分不开的，学位教育的发展带动了民族传统体育专业的发展，民族传统体育专业的发展也完善了学位教育的学科体系。

---

①杨建成.民族传统体育发展研究［M］.南京：河海大学出版社，2015.

民族传统体育发展到今天，从一门武术课程变成一门高等教育的学科，这是一个巨大的飞跃。民族传统体育专业是由武术专业拓展而来的，1997年，武术专业过渡到民族传统专业，民族传统体育的内涵大大扩大，由以前的武术的"点"向民族传统体育的"面"拓展，这是一个质的变化。民族传统体育的内容也由以前的武术体系拓展为包括武术、传统体育养生和民间民族体育三个专业方向，同时学位也上升到一个全新的层次，完成了学士、硕士和博士三个学位层次的学位体系，使得体育真正走上最高学术殿堂，我国普通高等教育中体育学科的地位得到了提升，民族传统体育文化实现了由市井文化向大众文化再向精英文化的发展蜕变。民族传统体育作为一个学科体系已经真正建立。

当然，民族传统体育专业建设的成就是多方面的。在看到成绩的同时，我们更应该重视它存在的问题，只有解决发现的问题，才能有利于推动民族传统体育专业更快、更好地发展。

（二）民族传统体育专业建设存在的问题

民族传统体育专业在建设过程中取得不少成绩，这是我们有目共睹的。然而，在专业建设过程中还存在这样或那样的问题，有的问题甚至成为制约民族传统体育发展的瓶颈，如果不加以解决，就很难实现民族传统体育专业发展的飞跃。主要存在问题如下。

第一，民族传统体育专业教育的管理与民族传统体育的管理体制不清，造成人才管理上的混乱。一般情况下，一个高校的某个专业主要是由教育部领导下的各个教育机构进行管理，但是，民族传统体育的管理则相对复杂，这是由民族传统体育的特殊性决定的。民族传统体育管理的特殊性带来了民族传统体育专业管理的复杂性。为了保证民族传统体育专业的生源，国家采取的是单招制度。这就形成了国家体育总局与教育部共管的局面。例如，民族传统体育专业的招生计划和生源计划由国家体育总局统一制定，生源入口标准由国家体育总局委托考试中心进行命题。而学生的培养方案、学籍管理、成绩考核和毕业分配等方面的管理由教育部统筹管理，这种多重管理势必造成生源入口和过程管理的脱节，不利于对学生的培养目标实现。在校学生参加的民族传统体育比赛也是由不同管理单位举办，如武术比赛一般归国家体育总局管理中心管理，而少数民族传统体育运动会由国家民族事务委员会管理。这种管理方式就带来管理效率上的低下，在一定程度上制约了民族传统体育专业的发展。

第二，学科建设明显落后于专业发展。很多高等院校的民族传统体育专业是在武术专业的基础上开始建设的，师资队伍没有大的变化，力量明显不足，师资缺乏培训，缺乏除武术专业以外的高水平的教学人才。教学体系也比较混乱，有的学校甚至把武术教学的内容照搬到传统体育养生和民族民间体育的教学上来，教学内容、教学方法、课程配置等有待进一步厘清关系，教学内容与培养目标有待进一步融合。教学研究上也处于混乱状态，研究生教育本身是对民族传统体育的教学研究起到促进作用的，也是完善学科体系的一个很有效的手段。但是，民族传统体育的研究生，他们的研究方向具有很大的随意性，对武术、传统体育养生和民族民间体育三个方向进行任意交叉，甚至有的民族传统体育专业的研究生把研究方向延伸到其他专业上，这种做法非常不利于学科建设，与培养方案和培养目标的要求出现较大误差。这样对于民族传统体育的基础理论研究非常不利，严重浪费了这一块资源。[1]

第三，教育的人口和出口成为严重的难题，专业教学难以适应社会的需求。在教育人口方面，民族传统体育专业采取的是"单招"政策，这一政策解决了民族传统体育专业招生难的问题，同时也解决了从小从事民族传统体育技能学习的学生们的出路问题，可谓一举两得。但是，单招虽然解决了民族传统体育专业的生源问题，但相对较低的文化水平要求影响着生源的质量，对于实现高等学校的教学目标有较大的难度。民族传统体育专业招收的学生大多数是专业队退役的运动员和民间武校的学生，这些学生从小从事专业训练，这类学生专业技能水平过硬，但是文化水平相对薄弱。这样的文化水平很难适应大学教育。研究生教育也处于相当尴尬的局面，能通过国家考试的民族传统体育的研究生，往往文化成绩优良，这部分学生通常对民族传统体育没有亲身经历，运动水平也不高，缺乏实践基础，与民族传统体育专业的本科生正好相反。研究生教育与本科生教育的人口没有能够解决好，这就给专业教学带来巨大的难度，严重影响生源出口的质量，在毕业生的流向上出现就业难的问题，毕业生难以适应社会的需求。我们应该重新认识教育

---

[1] 田祖国，郭世彬. 民族传统体育 [M]. 长沙：湖南大学出版社，2018.

人口与出口问题，这也是办好民族传统专业的重要问题，应该拓宽招生渠道，招收具有一定文化功底又有一定民族传统体育经历和运动水平的生源，培养出能够适应社会需求的人才，这样才能有利于民族传统体育的发展，有利于民族文化的传播。

第二节　民族传统体育专业的教学体系

民族传统体育专业的教学体系是民族传统体育专业中最核心的环节，它是实现民族传统体育专业目标的基本途径，它包括民族传统体育专业培养目标的制定、民族传统体育专业课程设置、民族传统体育专业的教学和民族传统体育专业学生的就业流向等几个方面。民族传统体育专业教学体系是培养学生的基本系统，下面对教学体系的各个方面分别进行阐述。

一、民族传统体育专业的培养目标

高校体育本科专业培养目标是指把高校通过招生手段获得的生源培养成什么样的人的问题，它决定招生定位、培养方案、培养过程和毕业生的去向问题。一个专业的培养目标符合实际情况，有利于培养具有一定基本专业能力的合格毕业生，对于高校体育专业的良性发展起到十分重要的作用。

民族传统体育专业是由国家体育总局与教育部共管的一个高等教育体育本科专业。1998年，国家教育部在新的《普通高等学校本科专业目录》中，将原来的武术专业调整为民族传统体育专业，国家体育总局科教司下发了《普通高等学校本科民族传统体育专业规范》（以下简称《规范》）文件。

《规范》中提出民族传统体育专业本科生的培养目标为：培养德智体全面发展的，具备民族传统体育教学、训练、科研基本知识与技能的，能从事武术、传统体育养生及民间体育工作的高级专门人才。《规范》中提出的培养目标主要有三方面内容：一是培养德智体全面发展的；二是具备民族传统体育教学、训练、科研基本知识与技能；三是能从事武术、传统体育养生和民间体育工作。前两点是能力的表现形式，第三点是培养的毕业生能够从事的工作，很显然，把武术、传统体育养生和民族民间体育三个专业方向作为培养目标的内容是很不准确的，这种表述混淆视听，有待进一步商榷。

培养目标是针对培养对象而言的，培养对象是基础也是教育教学的起点，如果培养对象的基础不好，培养目标定得太高，通过四年的学习，培养目标就会难以达成，教育的效果会出现不平衡现象。表6显示的是北京体育大学本科不同专业的培养目标（2017）。体育教育是通过高考选拔的文化和体育两者均有一定基础的高考生，通过四年学习能够实现体育教育的培养目标。运动人体科学、社会体育和应用心理学专业的生源均是高考生，他们文化基础相对较好，通过四年的学习均能达到其指定的培养目标。唯有民族传统体育专业是单独招生，主要招收的是武术特长生，他们的文化基础较差。很显然，他们从事武术专业学习有很好的技能基础，对完成民族传统体育专业的术课非常有利，但这部分学生学习传统体育养生和民族民间体育两个专业方向的知识就有很多困难，部分学生甚至难以完成学业。因此，民族传统体育专业的学生要完成《规范》中规定的三大要求，显然不符合实际情况，对他们的要求明显过高。

表6 北京体育大学本科不同专业培养目标（2017）

专业	运动人体科学	体育教育	社会体育	应用心理学	民族传统体育
具备基本能力	掌握教育科学、体育科学、运动人体科学的基础理论和实验技能，能够从事运动人体科学的教学和科研工作，能够胜任运动健身与营养指导、助理体育科研教练，能够开展运动保健与康复的实际应用	具备体育教育的理论知识，掌握基本的科研方法，具有健全的人格和心理素质，能够实际应用这些技能	掌握大众健身指导与服务、设计与开发、组织与推广、公文写作、社会调研、公共事业管理及各种体育活动策划和组织的实际操作能力	掌握马克思主义哲学和西方主要哲学流派的理论观点，掌握现代心理学及运动心理学的基础理论和实践技能	掌握武术与民族传统体育的基本理论，具备武术、体育养生、民族民间体育专项的理论知识与技能，传承创新弘扬共享武术与民族传统体育

(续表)

专业	运动人体科学	体育教育	社会体育	应用心理学	民族传统体育
从事工作	各级各类教学单位、训练基地、体育科研机构、医药卫生、保健康复部门	从事体育教学、训练,进行科研工作	社区工作者、各级工会、体育行政部门、体育协会、体育俱乐部等工作者	能够从事运动心理训练、运动心理咨询以及运动人力资源管理工作	从事政府,专业行政部门、协会,院校和武术产业相关机构等工作
人才类型	教练员、教师、科研人员	教练员、教师、科研人员	管理人员、教师、科研人员	管理人员、教师、科研人员、心理教练	行政人员、教练员、科研人员

高等院校体育专业培养目标的制订要以社会需求为基础,还要切合培养对象的基本条件,这样才能有的放矢,使得我们培养的学生能够适应社会的发展形势,有利于民族传统体育事业的发展,达到个人利益与国家利益之间的平衡,能够取得双赢。

有学者尝试这样表述民族传统体育专业培养目标:"本专业培养德智体全面发展的,具备民族传统体育基本理论、方法和技术等方面的知识以及应用这些知识的能力,能在运动队、学校及社会体育领域中从事民族传统体育教学、训练、健身指导、管理和科研工作的高级专门人才。"这样的表述可能更准确、科学一些。在培养目标制订时,不要把专业与目标混为一谈。科学的表述是一门专业严谨的表现,民族传统体育专业想要做大做强,走规范的道路才是正途。

二、民族传统体育专业的课程设置

民族传统体育专业的课程设置是对专业培养目标的具体安排与实施,它通过课程体系建构的形式对学生的知识结构、能力培养、质量监控和就业方向等方面进行全面的实施与管控。在培养目标实施的整个过程中,课程是实施培养目标的基本单位。民族传统体育专业的课程体系包括课程教学目标、教学内容、教学方法与教学评价，课程体系是各类民族传统体育课程内容相互联系而构成的一个整体系统，课程体系的科学化在实现课程目标中非常重要。在课程体系的建构上要努力实现课程体系科学化。

民族传统体育专业课程设置是否科学，直接关系到培养目标能否顺利实现。课程内容的安排影响着学生的学习积极性和主动性，影响学生的知识面和专业能力的培养，因此，课程设置是否科学成为培养目标能否顺利实现，毕业生的质量好坏等方面非常重要的一个环节。

当前各大体育院校民族传统体育专业课程体系由公共课、必修课和选修课三类课程组成。公共课是指在校大学生普遍修习的专业以外的共同内容课程；必修课是学生必须学习和掌握的基础理论、基础知识和基本技能方面的课程；选修课由限选课和任选课构成，选修课是为了完善学生知识结构，扩大学生知识面和视野的需要而开设的。三种课程的设置为学生的知识结构和能力培养提供了一个平台，三种课程设置之间的比例如何才能做到最科学化与合理化是相关高校有待研究的重要课题。不少学者对三类课程所占的比例有不同的见解，可谓"仁者见仁智者见智"，但有一点是相通的，那就是无论公共课、必修课和选修课所占的比例如何，最终的结果均是为了实现专业培养目标，专业不同，培养目标的重点也不同。课程的侧重点不同是因为各方面知识和能力培养的侧重点不同而已。[1]

由于民族传统体育专业的社会需求不断地在发生变化，毕业生的能力要求也不断跟着改变，不断向着较高的综合能力方向发展，各种课程的内容与比例也应该有适当的调整，以便满足社会的需求和民族传统体育发展的需要。

全国各大体育院校民族传统体育专业的课程设置情况大致相同，但在课程的学时和学分的分配上有一定的差异。在民族传统体育专业课程设置中，专业必修课占整个学分比重较大，主要是要求学生立足本专业知识的学习；公共课的比重其次，这是为了满足大学生素质的基本要求而开设的；限选课和任选课占的比重最小，两者相比较，限选课比重要大点，限选课还是立足于专业的限选课，任选课是为了满足学生的个性发展而设立的。

---

[1]杨建成.民族传统体育发展研究[M].南京：河海大学出版社，2015.

全国各大体育院校民族传统体育专业的课程类型基本相同，其比例有一定差异，且差异不大。各大体育院校的课程类型相差不大，主要由理论学科、术科和实践课三类课程组成，这是体育学科与其他学科不同的地方。术科是体育专业的基础课程之一，对运动技能的掌握是体育专业学生必备的技能，是体育院校学生必备的课程之一，它的好坏直接关系到该学生在体育领域的实践操作能力，也是以后到工作单位不可缺少的能力之一。因此，对学生技术能力的培养是民族传统体育专业课程的重点之一。增强学生的动手能力也是现代教育发展的一个重要趋势。

民族传统体育专业的基础理论课程设置也比较丰富。从表7中可以看到，其课程主要有民族传统体育概论、武术理论基础、传统体育养生学、中国武术史、中国文化概论、中医学基础等，还设立了一些自设课程，如古汉语、音乐欣赏、孙子兵法和民俗学，等等。民族传统体育专业的学生在加强理论基础学习的前提下，应拓展知识面，开阔视野，为今后进一步的自我学习打下坚实的基础。

表7 民族传统体育专业基础理论课程、学分设置情况

	民族传统体育概论	武术理论基础	传统体育养生	中国武术史	中国（传统）文化概论	中医学基础	自设课程
北京体大	2	2	2	2	2	2	古汉语2
上海体大	2	2	2	2	2	4	
西安体院	2	4	4	3		4	音乐欣赏2
沈阳体院	2	2	2	2	2	2	孙子兵法2、民俗学2
广州体院	2	2	2.5	2		2.5	古汉语2
武汉体院	2	2	3		2	2	
成都体院	2	2	3	2		2	
天津体院	4			4	4	4	古汉语2、民族音乐鉴赏2
山东体院	2	2	3	2	2	2	古汉语2

民族传统体育专业课程体系有一定的普遍性又有一定的特殊性。民族传统体育专业课程体系的构建是建立在本科教育基础上的，公共课程要占一定的比例，这是为了满足一个普通大学生所必须具备的素质要求。各大体育院校中公共课，学时和学分均占有较大比例。学生的基础理论、基础知识和基本技能的获得主要依靠专业必修课和专业选修中的限选课程，专业必修课是基础，专业选修课是拓展。学生为了拓展自己的知识，根据自己的爱好和发展方向可以选择选修课程中的任选课。从民族传统体育专业限制选修课程设置表8中我们可以清楚地看到，民族传统体育的基础理论与基础知识的相关课程比较丰富，它涵盖民族传统体育与体育相关基本理论与知识，比较全面。

民族传统体育的术科是民族传统体育专业学生进行技术学习的重要课程，从表8和表9中我们可以看到，武术专业的学习内容相当丰富，与武术相比，民族体育养生与民族民间体育专业方向相关的课程显得比较单薄，可以说是严重不足，与专业的培养目标很难配套，一门专业如果术科上只是一两门课程来支撑，很难实现目标中提到的能力的培养。因此，民族体育养生与民族民间体育专业方向的教学内容还需加快建设，加大科研力度，努力开发新的课程内容，为本专业的学生学习提供更多的选择；加强学生能力的培养，特别是动手能力的培养，为实现专业培养目标提供更好的平台。

表8 民族传统体育专业限制选修课程设置

术科课程		学科课程
运动训练学*	体育经济学☆	散打、短兵、擒拿格斗、跆拳道
体能训练*	体育教学基本技能训练☆	木兰扇、舞狮
疲劳恢复与营养*	体育社会学☆	传统器械①（长穗剑、双刀）
运动损伤与康复*	运动训练学☆	传统器械②（九节鞭、朴刀）
运动生物力学*	体育康复运动处方☆	传统拳①（查拳、戳脚）
运动生物化学*	学校体育学☆	传统拳②（形意拳、八卦掌）
生理机能测定与分析*	现代教育理论☆	传统拳③（通背拳、螳螂拳）
运动员身体机能生化评定*	教育心理学☆	中华体育养生功（新编五禽戏、八段锦、49式经络动功）

（续表）

术科课程		学科课程
体育管理学	中华体育养生概论	
体育保健学	伤科与推拿	太极拳剑（24式太极拳、32式太极剑、推手）
中医学基础	中国武术史	
武术理论基础	古汉语	

注：带"★"为训练方向必选课程，"☆"为体育师资方向必选课程。

表9　专业培养目标与技术课程设置

培养目标的方向	技术课程设置	体育院校
武术	武术套路、武术散打	9所
传统体育养生	健身气功4套功法	6所
	中国式摔跤	8所
民族民间体育	舞龙舞狮	6所
	自设特色课程	4所

三、民族传统体育专业的教学

（一）民族传统体育专业师资配备情况

教师肩负着传播知识、培养人才、发展学科、繁衍文化的神圣使命和崇高职责。民族传统体育专业的教师肩负着培养民族传统体育工作方面合格人才的重要责任，教师工作的成效很大程度上取决于教师的工作质量，因此，教师在民族传统体育专业教育中起着十分重要的作用。随着课程改革不断向前深入，课程建设要上新台阶，课程目标要顺利实施，这一切都需要对教师的政治思想、道德品质、业务能力和学术水平提出更高要求，民族传统体育专业的师资状况直接影响专业课程教学的进程与效果。因此，民族传统体育专业教师队伍建设显得尤其突出与重要。

民族传统体育专业教师队伍的质量高低受多种因素制约。教师的性别结构、年龄结构、职称结构、学历结构和科研能力是影响教师队伍的重要因素。教师应该通过多种途径的学习与培训，提高自身的专业素质和综合能力，以适应当前民族传统体育专业的教学与专业课程建设的需要。当前，我国各大体育院校民族传统体育专业教师队伍素质参差不齐，由于每个学校历史原因不同、课程建设重视程度不同，因而各个体育院校教师素质情况也很不平衡。提高教师的综合素质势在必行。[1]

（二）民族传统体育专业教学内容的拓展

民族传统体育专业的教学内容除了体育院校的一般基础课程以外，应以武术、散手、中国式摔跤、民族传统体育养生法和民间体育等课程为主要专业课程，随着专业的发展，还开设如射箭、民族球类等介绍性项目，有的体育院校开设卡巴迪、跆拳道、柔道等一些亚洲地区的民族传统体育项目。

民族传统体育课程中每门课程均有自己的特色。武术课程术课以套路和散手为主要课程内容。武术套路是以表演为主，有很强的观赏性，传统套路集体能与技能锻炼于一体，每招每式的动作既有克敌制胜的内涵，又有很强的基本功练习，集观赏表演和实战运用于一体。应将套路与散手相结合，真实体现武术的实战性特点。散手又称散打，是利用技能有力地打击敌人保护自己的一种武术形式。散手课要集技能、体能和抗击打能力于一体，与吐纳相结合，运用科学的手段对其给予分析，为这项运动提供科学的发展依据。摔跤是一项世界性的运动，各世界民族均有自己的摔跤方式，民族传统体育专业学生主要学习中国式摔跤，按照中华民族的习惯，根据历来的比赛情况制定出来的摔跤规则来进行。传统养生是以中国古代哲学、中医学为基础的养生方法，它重视形神兼养。传统养生有很多方法，要取其精华，使其向科学化方向发展。民族民间体育方面要考察我国人民的民俗习惯，根据实际情况进行开课。民族传统体育教学内容体系比较繁杂，每一门课程均有自己的特点，学习方法也不相同，与其他体育课程相比较有鲜明的特点。

从各大体院的开课情况来看，武术套路、武术散打、健身气功4套功法、中国式摔跤、舞龙舞狮和自设特色课程是体育院校经常开设的术科课程，从

---

[1] 杨建成.民族传统体育发展研究［M］.南京：河海大学出版社，2015.

安排内容的形式和数量上来看,很难拓展学生的视野,建议学校能根据自身的特点和特殊校情增加与专业相关的课程,使学生们能更好地适应社会与民族传统体育的发展需要。表10是建议开设的有代表性的民族传统体育专业拓展的项目,学校可以根据师资力量从中抽取部分项目以拓展专业的教学内容,满足专业设置的需求和学生发展的需要。

表10 民族传统体育教育拓展项目

大类	亚类	项目
技击类	拳类	长拳、太极拳、南拳、少林拳、形意拳、八卦掌、查拳、翻子拳、通臂拳、八极拳、六合拳、地趟拳、劈挂拳、醉拳、螳螂拳、猴拳、鹰爪拳、花拳、绵意拳等
	器械	勾击类、刺击类、劈击类、砸击类、护体类、单器械、双器械、软器械等
娱乐类	球戏	蹴鞠、击鞠、马球、捶丸、蹴球、珍珠球、柔力球等
	舞戏	舞龙、舞狮、摇旱船、跳竹竿、霸王鞭、跳铜鼓等
	舟戏	划龙舟、龙舟竞渡、赛独木舟、赛皮筏等
	水戏	游泳、潜水、游水捉鸭等
	冰雪戏	滑冰、滑雪、打冰嘎等
	棋戏	象棋、围棋等
	其他	抢花炮、拔河、秋千、风筝、打陀螺、踢毽子、跳绳、投壶等
养生类	导引	五禽戏、易筋经、六字诀、八段锦、十二段锦、大舞、导引养生功十二法、马王堆导引术、太极养生杖等
健身类	太极	健身太极拳、健身太极剑、健身太极扇、健身太极球、健身太极棒等
	健舞	敦煌拳舞、木兰拳舞、木兰剑舞、木兰扇舞等

民族传统体育专业的教学内容应该加以拓展。民族传统体育专业所教授的内容只是民族传统体育项目中的冰山一角。虽然现在已经形成以武术为龙头的教学体系,但传统体育养生和民族民间体育两个专业方向的课程内容依旧非常薄弱。例如有的体育院校的传统体育养生课程依旧停留在几套健身气

功的功法上。其实,我国的养生健身方法很多,民族传统体育专业要立足于本专业方向的科学研究,从祖国的民族传统体育的宝库中提取出一些有代表性的项目作为民族传统体育专业的教学内容,充实到民族传统体育专业的教学内容体系中去,这对于民族传统体育专业教学目标的实现无疑是有很大帮助的。这样,受益的不仅仅是学生,即便是专业教师也能在教学时有更多内容可以选择。

(三)民族传统体育专业教学方法的改善

现阶段民族传统体育专业课程教学方法由于长时间缺乏革新,表现出了一系列弊端。主要有以下几个方面。

第一,教学方法程式化,缺乏灵活性。由于受传统课程教学思想与教学观念的影响,许多从事武术课程教学的教师不愿意主动去认真钻研和积极开拓新的教学方法,遵循的是程式化、缺乏灵活性和现代气息的教学方法。这些教学方法导致课程教学死板单调、沉闷乏味,千篇一律地套用一个模式,忽视了学生心理和民族传统体育文化的特点,压抑了学生积极思考、勇于探索的学习主动性,不利于学生自学能力、创新能力和应变能力的培养。

第二,过于注重技能知识灌输。长期以来,不少教师观念保守,对新的教学方法缺少大胆尝试和创新,在教学过程中,强调系统性和完整性。这种教学思想很难适应培养多元化、多层次、高素质、综合性的复合型人才的需求。目前普通高等学校开设的课程教学内容多、教学任务重,教师为了完成教学任务,在教学过程中多采用"灌输式"的教学方法,导致学生的"学"完全从属于教师的"教",学生的积极性、主动性、创造性受到严重限制,学习效果大大降低。教师应根据学生的不同特点因材施教,注重教学方法的综合性,打破单一的教学模式,采用灵活多样的教学方法。

第三,教学手段过于单一。目前,民族传统体育专业课程教学手段过于传统、单一。传统的教学手段导致在课堂教学中教师只能按固定的模式讲课,教师的特长得不到充分发挥;学生只能按教师的讲解示范"依葫芦画瓢",忽视了学生之间的个体差异性,制约了学生潜力的挖掘。应该把传统的教学方法与现代教学方法很好地结合起来,充分发挥录像、电脑多媒体等现代教学手段的优势,取长补短,提高学生对课程的兴趣。

第四，教学训练程度高。在教学过程中，重技术、轻理论，教学方法的运用趋向于训练化。大部分学校民族传统体育专业课程的理论教学学时偏少，理论教学的实用性、科学性不强，教师在理论教学时照本宣科的现象严重。教学过程中，大量枯燥的训练使学生身心疲惫，兴趣锐减，甚至产生厌恶心理。掌握主要运动项目技术，形成一定的运动技能只是民族传统体育专业课程的目的之一，而绝不是唯一。

现代教育提倡终身教育，在新的科学技术不断涌现的今天，知识需要不断地补充和更新。民族传统体育专业课程的教学如果不能教会学生如何掌握使用工具、学会学习知识的方法，就不可能培养出高质量的人才，要实现民族传统体育专业的培养目标也就无从谈起。综观近几年课程教学的改革，可看出现阶段民族传统体育课程教学方法改革的基本思路。

第一，注重现代化教学手段的运用。现代化教学手段是教学方法改革的一个重要方面，是提高教学效率和教学质量必不可少的手段。在民族传统体育教学中使用幻灯仪、投影仪、录像、电影、电视教材等现代化的教学手段，既增加了向学生输入的信息量，加深了学生对技术动作的理解和感受，也为民族传统体育专业教学的现代化提供了保证；另一方面，根据各项目教学的特点，进行了教学手段、方法和教学辅助器材的研究，可以大大充实教学理论的内容。

第二，注重教学方法和手段的综合运用。民族传统体育专业课程内容内涵广，教学环节多，组织教学较为复杂，依靠单一的教学方法和手段是无法完成教学任务的。现代化教学方法具有启发性、开发性和多向性的特点。因此，在课程教学中，应将各种教学方法有机结合，相互补充，以取得最佳的教学效果。

第三，注重教学情景的合作性。教学活动由"教"和"学"两部分组成，是一种双向的交流活动，二者的关系密不可分。教师在教学时要转变教育观念，树立为学生服务的思想，努力创造一个愉快、和谐、融洽的教学环境。在教学过程中，从"以教师为中心"向"以学生为中心"转变，让学生以主人的姿态参与到教学活动中去，充分发挥学生的主观能动性和创造性。合作教学形式不仅是学生之间、教师与学生之间的合作，教师之间也应加强合作，齐心协力使教学计划更加完善，更好地完成教学任务。

第四，注重技术与理论的全面发展。重视理论课程教学，要增加理论教学的课时数，经常开展基础知识、竞赛组织及裁判的讲座，让学生理论联系实际，才能提高教学效果，发挥出课程的价值。

要抓好民族传统体育专业的教学方法，必须掌握体育课程教学方法的发展趋势。

一是启发式教学法。启发式教学的基本精神是要充分激发学生学习的内在动机，调动学生学习的主动性、积极性，促进学生积极思维，提倡学生自己动脑、动口、动手去获取知识。传统课程教学思想以"竞技为主线"，以"注入式"的教学方法为基本特征，以运动技能形成规律和身体活动规律为主线，它缺乏学生自我目标追求的动力机制，教学环节偏重教师一方，单纯强调了"以教师为中心"，忽视了学生的主观能动性。教师主要采用"注入式"的教学，即教师从主观愿望和经验出发进行讲解示范，学生练习，教师纠正错误动作，给予评价。整个教学过程只有教师的教学安排，学生缺乏主观能动性，只有模仿，没有创造，没有思考、探索问题的余地。课堂学习气氛沉闷，学生积极主动参与的意识不强，不利于学生各种能力的培养，与全面推行素质教育的指导思想相矛盾。启发式教学能转变传习式技术教学的倾向，注重培养学生教学和健身的指导与管理的基本能力，符合时代与社会发展的要求。

二是研究式学习教学法。研究式学习是以学生的自主性、探索性学习为基础，从学生生活和社会生活中选择和确定研究专题，主要以个人或小组合作的方式进行学习。在课程的教学过程中，通过亲身实践获取直接经验，提高综合运用所学知识解决实际问题的能力。在学习过程中，教师是组织者、参与者和指导者。

三是合作学习教学法。合作学习教学法以小组为基本单位，利用教学中动态因素之间的互动，在教师的指导下，学生在合作、互动的情境中探索问题、掌握技术，并以团体成绩为评价的主要依据进行成绩评价，从而达到教学目的。具体的实施过程中，在教学目标上突出教学的情意功能，追求教学的认知、情意和技能目标的均衡；在教学过程中，强调师生之间、学生之间的互动，更突出学生的主体地位；在教学形式上，强调以班级授课为基础，以合作小组为基本形式；在运行机制上，强调启发、引导、探究，强调团体合作与竞争的机制，充分调动学生学习的积极性和创造性。

四是自选式教学法。民族传统体育专业课程内容丰富多彩。自选式教学法是让学生根据自己身体活动能力、运动能力、适应能力及兴趣爱好等来选择课程项目的教学方法。通过让学生对教学内容、教学安排、练习同伴的自选自定,使他们的学习兴趣与爱好被充分激发,积极性与主动性被调动起来。

教学的成败在很大程度上取决于教师是否能妥善地选择教学方法。知识的明确性、具体性、根据性、有效性、可信性有赖于对教学方法的有效利用。民族传统体育课程教学方法的改革与课程目标和内容的改革有机联系,不可分割。教学方法的改革关系着课程目标的实现和课程内容的完成,是课程改革中一个关键的环节。

学无定法、贵在得法。广大一线教师不仅要掌握各种教学方法,还应在工作实践中学会科学地选择、使用多种方法。教师要拓展思维,勇于创新,在具体的教学实践过程中发现和创造更科学、有效的教学方法,以适应新时期民族传统体育教育专业培养目标的要求。在教学中,要大胆地吸收国内外先进教学方法的精华为我所用。现如今,各国传统体育的教学方法不断推陈出新,我们可以吸取其中所包含的先进思想和科学理念,在已有的基础之上进行改造,形成自身富有特色、行之有效的教学方法。

教师素质的高低直接决定着所培养的人才素质的高低,所以必须加强师资队伍建设,使教师具备现代教育观念和变革、创新意识,不断补充新知识,形成合理的专业知识结构,从而提高课程教学质量。

(四)建立合理的教学评价体系

教学评价是课程质量得到保障的生命线。民族传统体育专业课程教学评价的现状是各体育院校很不平衡,主要表现在以下几个方面。

1. 评价内容不全面

民族传统体育专业的许多课程评价内容单一,缺乏对学生全面、综合的评价,具体表现在以下几点:

①注重基本技能、技术的评价,缺乏对学生能力的评价;
②注重竞技能力评价,轻健身意识、健身能力和健身习惯评价;
③注重运动的生物评价,缺乏对学生传承运动文化方面的评价;

④注重现有知识水平的评价,缺乏对灵活运用的实践能力的评价和社会适应能力的评价。

2. 评价方法单一化

在民族传统体育教学评价中,对学生成绩的评价完全是以绝对成绩作为评价依据,忽视了不同的个体在学习过程中的努力程度和进步幅度,教师在评价过程中过分注重终结性评价,缺乏教学综合能力的过程性评价。在对学生成绩的评价中,对于技术的评价属于客观的容易定量的评价,而对于学生在学习过程中的情意表现及合作态度等则属于主观、定性的评价。这就导致了在评价的过程中注重客观性评价,缺乏主观性评价,注重定量评价,缺乏定性评价。

3. 评价主体单一化

国内大部分体育院校在教学评价时依然是以教师为主,缺乏学生的自我评价以及学生之间的相互评价。民族传统体育专业教学忽视了学生作为人的主体性,导致学生对体育教学的厌倦。实践证明,任何评价如果没有被评价者的积极参与,很难达到预期的目的。强调被评价者的主体作用,不仅可以促进他们积极配合,保证评价工作的顺利进行,而且还能促进他们通过参与和交流,主动客观地检查和评价自己的工作和成绩,改进自己的不足之处,吸取他人的经验,有利于进一步完善自我。

4. 评价结果功利化

运用客观标准对教学进行检查,并通过认真分析和评判,得出结论,然后进行信息反馈,以进一步改善教学,这是教学评价的出发点和归宿。教师自己主动评价时,这种指导思想容易得到体现,一旦评价的结果同教师的评优、晋职等直接联系起来时,就会蒙上功利性色彩,评价结论往往就会变得复杂,这就使得评价结论失去了客观性,不能反映评价的真实情况,评价所具有的多功能就无法得到体现,教学评价也就失去了它应有的价值。

考核与评价是课程的重要组成部分，是课程改革的热点问题，也是制约课程改革的瓶颈，长期以来滞后于课程教学改革。民族传统体育专业课程的考核与评价应与课程教学目标紧密结合，从单一的评价方式向多元的评价方式发展，在评价内容、评价方法、评价的方式等方面进行改革，重新构建新的评价体系，彻底改变以前课程评价的单一形式，达到全面、综合地对学生进行评价的目的。新的评价体系应做到：

第一，过程评价与终结性评价相结合。民族传统体育专业的许多课程评价基本上是一种终结性评价，它的基本特征是教师习惯使用统一的运动成绩作为对学生学习的主要评价标准和方法。终结性评价是一种有效的评价方法，但单独使用时，局限性很大。体育的本质特点是身体活动，进行终结性评价时，往往都是以身体活动能力作为评价指标。目前，世界上许多发达国家在体育课程评价中已普遍采用过程评价，它是在教学过程中对学生的学习情况进行的评价。其着眼点在于学习的整个过程，通过各种评价方法和工具，经常对学生的进步幅度、学习态度、情意表现、技能掌握程度、体能锻炼效果等方面进行评定。这种评价调动了学生的学习积极性。因此，在教学中应将过程性评价和终结性评价有机结合起来。

第二，课内评价与课外评价相结合。课内评价与课外评价相结合，也就是所谓的课内外一体化评价。长期以来，民族传统体育专业的课程教学评价偏重于课内体育理论、技能和身体素质的内容，而在一定程度上忽视了对学生课外终身体育能力这个领域的研究，这势必影响课程改革的顺利进行。因为学生良好的体育态度、兴趣、运动行为、习惯和健康意识的形成受到学校、家庭和社会综合教育的影响，尤其是当今信息化社会，学生接受体育教育已呈现多种渠道和方式，仅仅采用课内评价是不全面的。教学的本质是促进人的全面发展，增强体质和健康水平，提高身体素质。体育教学目标体系包括体育课显性教学、隐性教学两个层次相结合。显性教学的目标以提高学生素质为指导，反映本学科的本质技能，注重培养学生体育运动的兴趣、态度，掌握基本知识、技能，提高体育实践能力，养成良好的卫生习惯。隐性教学的目标，以课外体育俱乐部和各种竞赛活动为例，其目标是提高学生自主参加体育运动、自主锻炼身体能力，促进终身体育的发展。为了实现上述目标，体育教学的显性和隐性教学考核评价目标应放在课内与课外体育能力的综合考核上。

第三，定量评价与定性评价相结合。民族传统体育专业课程不仅要向学生传授体育基本理论、基本技术和基本能力等学科知识，还要培养学生健全的人格、良好的心理素质。也就是说，要注重在认知因素和非认知因素，知识技能和人文素质之间保持平衡。对于非智力因素、人文因素等内隐性质的素质底蕴，它们没有明显的定量特征，是难以用量化实现的，而这些又恰恰是素质教育关注的内容，因此单一的量化评价无法全面反映学生的个体特征。从体育教学评价的发展趋势看，量化评价与定性评价相结合应是其发展的方向。

民族传统体育专业课程教学评价改革必须要以社会的需求为基础，伴随着社会的不断进步，社会所需求的必定是具备多种能力的复合型人才，注重对学生多种能力的评价。改变评价内容单一的局面，不仅要重视对学生基础运动能力方面和教学基本技能方面的评价，而且还要重视对学生传承体育运动文化方面和社会适应方面的评价，进而达到全面、综合地评价学生的目的。注重评价方法的多元化，努力做到过程性评价与终结性评价相结合，定量评价与定性评价相结合，主观性评价与客观性评价相结合，课内外教学评价一体化。

第三节 民族传统体育专业与民族传统体育的发展

民族传统体育专业在民族传统体育的发展进程中有着十分重要的作用。特别是在经济全球化的今天，民族传统体育专业在民族传统文化的传承与发展中有着相当重要的位置。民族传统体育专业与民族传统体育是共生共荣的关系，两者相互促进相互支撑，共同推动民族文化的发展。

一、重视民族传统体育专业的发展

民族传统体育作为中华民族传统体育文化的象征和代表，经历数千年的发展，走到今天有它的历史必然性。学历教育在当今社会已经成为文化传承的主要载体，这已经是不争的事实，我们必须要面对；民族传统体育在如今社会已经走向低谷，这也是不争的境遇。今天的世界已经不再是民族传统体育萌芽、发展、完善时期的世界了，对民族传统体育的价值要进行重新定位。在世界体育融合的今天，西方体育的强势地位已经完全确立，我国体育体制与西方体育已经相当相似，甚至已经不是模仿的问题了。在现代体育理念下要发展传统体育文化，我们就要勇敢面对过去、现在和将来，努力传承祖国的文化遗产，使其不至于丢失殆尽，这就必须重视现代文化的主要载体——学历教育，因为这里是我们文化传播的主要阵地。

重视民族传统体育的发展要重视民族传统体育专业人才的培养。对民族传统体育教育专业的师资队伍和学生队伍要齐抓共管。教师队伍是民族传统体育专业的传道授业者，他们担负着重任，在专业建设中的角色是不言而喻的，教师队伍水平的高低直接影响到专业的方方面面，教师队伍建设是关系到专业建设前途的重要事情。同样，民族传统体育专业培养的学生对社会的影响是源泉性的。他们的辐射作用很强，能够影响周围一群人的生活方式，带动他们工作单位、生活社区的人们开展民族传统体育运动。尤其是现代人生活节奏加快，生活条件提高，营养过剩带来身体上的疾病困扰，从而对健身、长寿方面的要求增大，很多重视健康长寿的人们非常希望能够学会民族传统养生健身的方法。因此，要取得这样的社会效应就必须提高民族传统体育专业学生的素质，拓宽学生的知识面，使之有较强的综合运用知识的能力和社会实践能力，让他们走向社会的基层，在社会上起到应有的带头辐射作用。[1]

重视学科建设、深化教学改革、重视教学科研是民族传统体育专业走向未来的必由之路。学科建设要完善教学体系，民族传统体育专业的发展是在武术专业的基础上发展起来的，武术专业经过多年的积淀，已经形成较为科学完善的教学体系，无论教学方法还是教学内容都极其丰富，也很有特色。自从武术专业改为民族传统体育专业以来，传统体育养生与民族民间两个专业方向的课程还相当薄弱，基本课程还是以武术为主，课程本身没有能建立完善的教学体系，有待进一步发展与完善。民族传统体育专业的招生工作还有待进一步解放思想，现在还是实行单招制度，招生的范围还应该进一步扩大，对传统体育养生和民族民间体育专业方向的生源文化理论基础还要提高

---

[1] 杨建成.民族传统体育发展研究［M］.南京：河海大学出版社，2015.

门槛，招生生源的质量有待进一步提高。教师队伍还有待进一步加强建设，教师的综合素质还要进一步提高，基础薄弱的课程还要加强建设。教师不但要教好书，更要加强科研工作，进一步挖掘民族传统体育的内容体系和学科体系，使之与专业相配套，通过社会调查，与学生就业情况相结合，形成科学的理论体系。

国家要加强对民族传统体育专业建设的政策支持与关注。文化的传承只能是利用现有的资源进行有效的熏陶，创造文化氛围。文化只有深入国人的灵魂，使之成为民族血液中流动的一部分才能得到真正的传承。与其束之高阁，不如把更多的注意与关注投入到教育中去，让这个本来就承载有教育功能的现代教育，承担祖国传统体育文化的功能，这是一件一举两得的善事，也是我们每个华夏子孙应该贡献的一份力量。

二、民族传统体育的发展需要民族传统体育专业的支持

民族传统体育的发展需要适应时代的要求，适应文化的发展方向。民族传统体育要发展，要适应时代的要求，一味地保护是一种很保守的行为，强求的保护只能带来文化的覆灭，与时俱进才能有利于民族文化的发展。民族传统体育文化要符合文化的发展规律，同样要与时俱进，这样才能适应文化的发展方向。

学历教育已经成为文化传承的主流，民族传统体育要用好这个平台。现代社会对知识的依赖程度很高，人们在接受漫长的知识教育的过程中，传统文化的渗透是在不经意间进行的。教育部门在选择体育教师时，要选择适当比例的民族传统体育专业的毕业生，让他们担当发展民族传统体育的重任。学校安排体育课时，要安排相当数量的民族传统体育项目课程，让学生知道什么是我国的本土体育，什么是外来的西方体育，加强爱国主义教育和民族传统文化教育。民族传统体育教师要安排适当的时间讲授民族传统体育的理论知识，让学生知道传统体育文化是我们的根。民族传统体育文化的传承不是光靠开几个民族传统体育运动会就能解决问题的，我们要在教育之中传承自己的文化，让教育的平台发挥它们的作用。这就要依靠我们的体育教育工作者辛勤耕耘，让民族传统体育文化扎根于学生们的心中，使这种爱国主义的情怀通过教育的作用，萦绕在祖国的每一块土地上。

民族传统体育的发展需要民族传统体育专业的支持，需要国家与社会的共同努力。民族传统体育的发展，主要依赖于体育系统与教育系统的领导。体育系统领导从中央到地方的民族传统体育工作，他们为民族传统体育制定发展方向。同时，还有各层各级的民族传统体育的训练队伍，这是一支不可忽视的力量。体育部门的运动队和体校为民族传统体育专业提供单独招生的生源，同时为国家输送优秀的民族传统体育运动员。教育系统从高校到地方学校为体育系统、教育系统和社会体育输送人才，为民族传统体育的发展提供科研和决策。体育系统、教育系统和社会体育系统三大系统相互配合，形成一个综合系统，共同对民族传统体育的发展产生影响。在这三大系统中，民族传统体育专业起到十分重要的作用，它是这些系统的最高阵地，具有战略的高度。

现代社会是人才的社会，人才是决定社会层次和发展战略的重要决定性因素。要发展好民族传统体育，传承祖国的优秀文化，人才成为一个核心的问题。因此，民族传统体育要走向正确的发展方向，必须要得到民族传统体育专业的大力支持，共同探索振兴民族传统文化之路。

三、民族传统体育专业引领民族传统体育发展的方向

民族传统体育专业经过多年的建设，无论是学科体系还是建设成就，在民族传统体育教育方面均处于领先地位，民族传统体育专业的师资是中坚力量。民族传统体育专业大学课程自1915年开设，至今已有一百多年的历史。经过几代人的摸索，如今已经成为参天大树，在体育教育界独树一帜，能在现代教育体系中扎根，这是几代体育人努力的结果，更是本土文化与外来文化斗争的结果。传统文化是一个民族和国家独立于世界民族之林的标识，如果丢失了传统文化，那么一个民族就会失去自我，像现代工厂流水线上的产品一样，成为文化的复制品。东方体育强调自然、和谐和统一，这与现代社会形成极度反差。现代社会商品经济发展迅速，是自由竞争的社会，人们无限制地追求物质财富，尽管主张"天人合一"的观点在一定程度上还影响人们的生活，但同如今的社会极其不合拍，这种观念常常被那些急功近利的人们丢弃和淡忘。在这种社会大形势下，民族传统体育会做出怎样的选择？民

族传统体育专业发展的方向，代表我国民族传统体育的发展方向。民族传统体育专业发展的方向正确，我国的民族传统体育就会朝着良性的方向发展。如果民族传统体育专业的发展迷失了方向，我们的民族传统体育文化将会丢失殆尽，世界民族之林中将会失去东方体育文化。所以，确立民族传统体育专业在大学中的地位对确立民族传统体育文化的方向尤其重要。

在民族传统体育专业建设过程中，民族传统体育工作者对传承民族传统体育文化、挖掘民族传统体育文化遗产、发展传统体育方面做出了不懈的努力。为了适应现代体育的发展，民族传统体育工作者对传统武术进行了改造，不断总结各个传统门派的武术，从中挖掘不同的文化基因，使其向竞技武术迈出了可喜的一步。然而，他们的这种尝试却以丢失传统武术中许多宝贵的精神为代价。当然，我们还有很多事情要努力去做，做对了可喜可贺，做错了也不失为一种尝试。毕竟中西文化有着较大的差异，我们也不要一味地让我们的文化完全融入到西方文化之中去，保持民族文化的独立性是保持我们民族独立性的根本体现。因此，民族传统体育专业在研究我国文化时要保持民族文化的独立性，不能仅以西方的标准来评判得失成败。民族传统体育专业的学者们在这一方面做得很好，他们在研究民族传统体育文化时既保持了我国文化的开放性，同时又捍卫了民族体育文化的独立性，引领了民族传统体育的发展方向。

民族传统体育在发展过程中得到许多也失去很多。通过大量的整理与挖掘，与现代快节奏的生活相配合，切实整理出符合现代人的民族传统体育项目，是民族传统体育专业亟待解决的课题。在民族传统体育的理论研究上还要更加深入，使之推广，让人们接受。广场舞是近几年在中国各个城市开展最为普及的一个群众性体育项目，尽管媒体对其有许多负面的报道，但广场舞能有这么多的群众参加，开展得如此普及，这不得不让人深思。我们有很多的民族传统体育项目是如此有魅力，为什么不能像广场舞一样让人们接受和喜爱？这些均是我们民族传统体育要研究的重要课题。如何推广祖国的优秀体育文化遗产，让更多的人去接受、融入到民族传统体育的锻炼热潮中去，是我们必须要解决的课题。这些课题的解决均要我们的体育工作者不懈的努力，找到既符合我国国情又让人们喜爱民族传统体育项目的方法与途径。

21世纪，人类已经步入一个全新的"知识经济时代"。当今世界各国之间的竞争，越来越决定着一个国家、一个民族的发展进程。创新是不断进步的灵魂，如果不能创新、不去创新，一个民族就难以发展起来，难以屹立于世界民族之林。民族传统体育要屹立于世界之林，关键在于知识的创新，而这种创新要依赖于大学教育中的民族传统体育专业的发展与创新。民族传统体育专业成为民族传统体育发展的核心战略之一。重视民族传统体育专业教育的发展战略，有利于民族传统体育文化的发展，也是传承传统体育文化的重要手段。